Fiches

W0205320

[Spécial Bac]

NOUVEAU BAC

SVT 1re

Coraline Madec
Professeure agrégée
de Sciences de la vie et de la Terre

MAGNARD

Édition : Lucile Réveillon ; **Conception graphique :** Muriel Ouziane ;
Crédits photographiques : page 15 : DR ; page 17, en haut, VISUALS UNLIMITED / BSIP ; en bas : Steve Gschmeissner/SPL/PHANIE ; page 35 : en haut, VISUALS UNLIMITED / BSIP ; en bas, ANDREW J. MARTINEZ / BSIP ; **Cartographie :** Marie-Christine Liennard, Valérie Goncalves, Christel Parolini, Florent Amat.
Mise en pages : Nord Compo.

5, allée de la 2e DB - 75015 PARIS
www.magnard.fr
www.specialbac.magnard.fr

PEFC 10-31-1510 IMPRIM'VERT®

Achevé d'imprimer en juin 2019 par Corlet Imprimeur — 14110 Condé-en-Normandie
N° d'Éditeur : 2018_1009 — N° d'Imprimeur : 203859 — Dépôt légal : juin 2019 — *Imprimé en France*

Sommaire

La Terre, la vie et l'organisation du vivant

Enjeux contemporains de la planète

Corps humain et santé

ANNEXE

atériel génétique
cours du cycle cellulaire

FICHE 1

Chez les cellules eucaryotes, l'information génétique est contenue dans le noyau sous forme de **chromosomes** constitués d'**ADN**. Au cours du cycle cellulaire*, l'aspect des chromosomes et la quantité d'ADN varient. On distingue alors deux grandes phases : l'**interphase** et la **phase M** (division cellulaire).

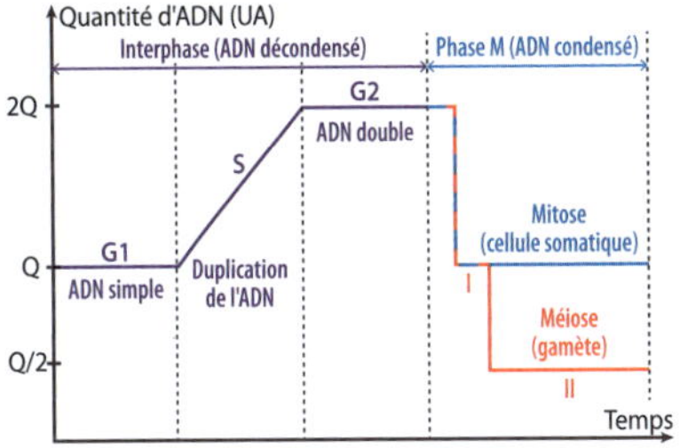

Schéma du cycle cellulaire

Cycle cellulaire : désigne l'ensemble des étapes de la vie d'une cellule.

I Aspect du matériel génétique au cours du cycle cellulaire

- Au cours de l'interphase, une molécule d'ADN présente la forme d'un **filament** de plusieurs millimètres de long. Dans une cellule humaine, l'ensemble de ces filaments, qui mesurent bout à bout environ 2 mètres, est appelé la **chromatine**.

Les chromosomes sont des structures constantes de la cellule. En interphase, on parle de chromosomes interphasiques, au cours de la mitose*, de chromosomes mitotiques, etc.

- Au début de la division cellulaire, les filaments d'ADN s'enroulent sur eux-mêmes grâce à des protéines (les histones) : ils se **condensent**. Les molécules condensées sont alors beaucoup plus courtes et mesurent seulement quelques micromètres de long.

- Le degré de condensation de l'ADN joue un rôle important. En effet, la **condensation** de l'ADN **facilite la séparation** du matériel génétique au cours de la division cellulaire tandis que sa **décondensation facilite sa copie** au cours de l'interphase.

* Tous les termes suivis d'un astérisque sont définis dans le lexique p. 111.

II Augmentation de la quantité d'ADN

• Au cours de l'interphase, la quantité d'ADN double. On distingue trois étapes :
– en G1, chaque chromosome est constitué d'une **seule molécule d'ADN** ;
– en S (phase de synthèse), chaque molécule est copiée : on parle de duplication de l'ADN ;
– en G2, chaque chromosome est constitué de **2 molécules d'ADN identiques**.

• La duplication de l'ADN a lieu avant chaque division cellulaire si bien qu'au début de la phase M (prophase), tous les chromosomes contiennent leur information génétique en deux exemplaires. Les chromosomes possèdent 2 « bras » identiques, 2 chromatides* formées chacune d'une molécule d'ADN condensée.

III Réduction de la quantité d'ADN

• Au cours de la phase M, la quantité d'ADN dans une cellule diminue : elle est répartie entre les cellules filles qui se forment. On distingue deux types de division cellulaire :
– la **mitose** : division cellulaire la plus courante, elle a lieu dans toutes les cellules **somatiques** du corps (cellules non reproductrices). Elle permet de produire à partir d'une cellule dite « mère », deux cellules « filles » identiques qui héritent chacune d'une copie intégrale de l'information génétique ;

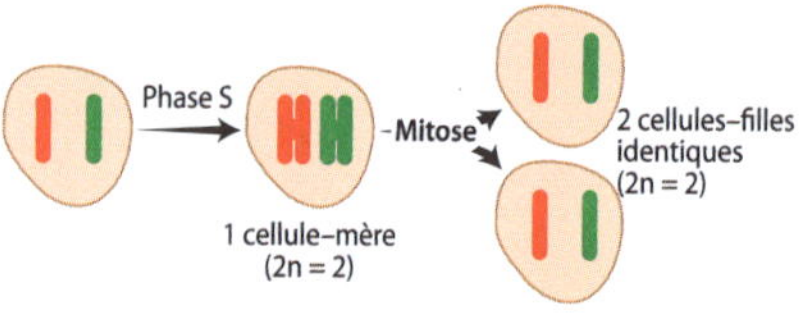

Schéma de la mitose

– la **méiose*** : division cellulaire qui a lieu uniquement dans les cellules germinales (cellules reproductrices). Elle permet de former, à partir d'une cellule-mère, 4 gamètes (spermatozoïdes ou ovules) qui hériteront de la moitié de l'**information génétique**.

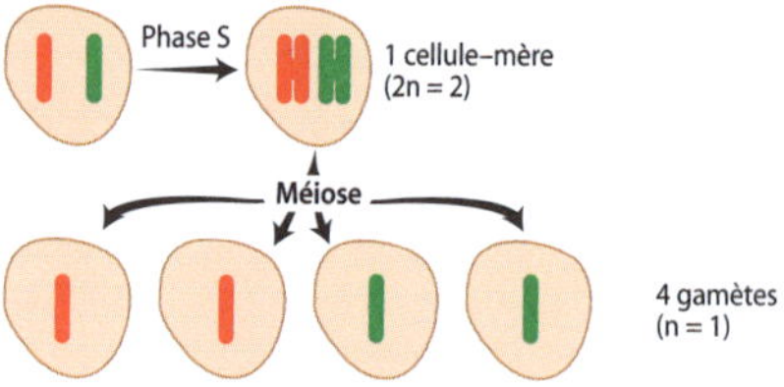

Schéma de la méiose

xpérience
Meselson et Stahl

FICHE 2

Avant toute division cellulaire a lieu une phase de **réplication de l'ADN** (lors de la **phase S**), qui permet de créer une **copie supplémentaire** de l'information génétique : la quantité d'ADN est **doublée**. Le mode de duplication de l'ADN a été démontré pour la première fois en 1958 par l'expérience de Meselson et Stahl.

I Ce que l'on sait de l'ADN au xxe siècle

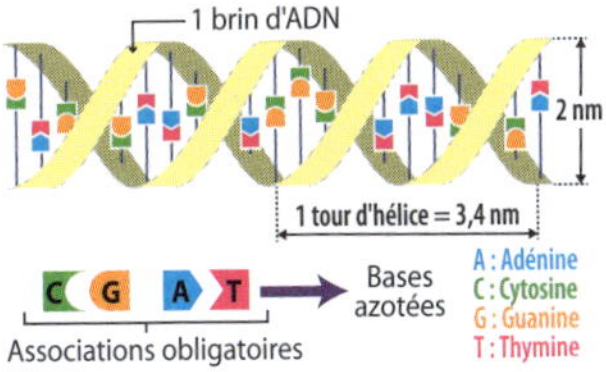

- Dans la première moitié du xxe siècle, plusieurs études ont permis de confirmer que l'ADN est le support l'information génétique.
- En 1950, Erwin Chargaff détermine que c'est la **séquence de nucléotides** (A, T, C, G) qui code l'information génétique.
- En 1951, Rosalind Franklin obtient les premières photographies de l'ADN aux rayons X.
- En 1954, James Watson et Francis Crick décrivent la molécule d'ADN comme une **double hélice** constituée de **deux brins complémentaires**. L'adénine d'un brin s'associe avec la thymine de l'autre brin et inversement, la cytosine d'un brin s'associe avaec la guanine sur l'autre brin.

II Les hypothèses de Meselson et Stahl

- En 1958, Meselson et Stahl imaginent qu'au moment de la réplication, les deux brins de la molécule d'ADN se séparent et servent **de matrice** (support) pour former un **nouveau brin d'ADN**. Ils imaginent alors plusieurs modes de réplications.

– Le **modèle conservatif** : la molécule d'ADN initiale, dite **matrice**, sert de support pour former une nouvelle molécule d'ADN néoformé. Après la phase S, un chromosome possèdera donc **1 chromatide* formée d'ADN matrice**, et **une chromatide totalement néoformée**. Les cellules-filles formées au cours de la mitose* hériteront ainsi soit de la chromatide néoformée, soit de la chromatide matrice.

– Le **modèle semi-conservatif** : les **deux brins matrice se séparent** et permettent la formation par complémentarité de 2 brins. Après la phase S, un chromosome possédera donc **2 chromatides hybrides** formées toutes deux de 1 brin néoformé et 1 brin matrice. Les cellules formées au cours de la mitose hériteront ainsi d'une chromatide hybride.

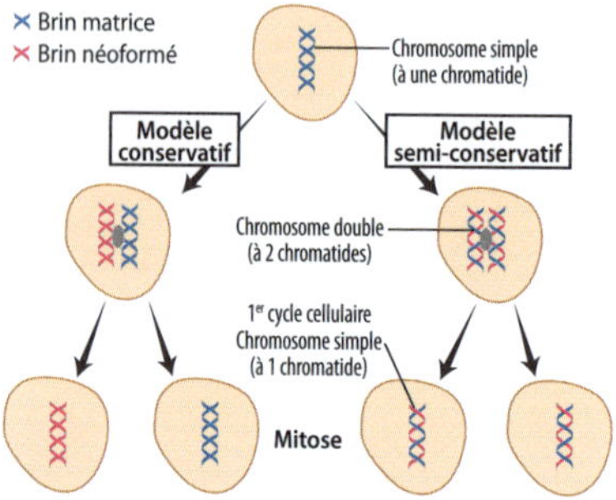

Les différentes hypothèses de Meselson et Stahl

III Principe et résultats de l'expérience

1. Un marquage de l'ADN

- Pour distinguer les brins d'ADN matrices des brins d'ADN néoformés, Meselson et Stahl ont eu l'idée de travailler avec différentes formes de l'azote, un atome qui entre dans la composition de l'ADN.
- Ils ont cultivé des bactéries pendant plusieurs générations sur un milieu qui ne contenait que de l'azote lourd (^{15}N). Puis, ils ont transféré pendant une génération ces bactéries sur un milieu contenant de l'azote léger (^{14}N).
- Grâce à ces conditions expérimentales, les deux chercheurs ont pu obtenir des bactéries dont les brins d'ADN matrice étaient constitués d'azote lourd et les brins néoformés d'azote léger.

2. Les résultats obtenus

- Selon leurs hypothèses, Meselson et Stahl s'attendaient à obtenir après la dernière mitose :
– soit 50 % de cellules à ADN lourd et 50 % de cellules à ADN léger, confirmant le mode de réplication conservatif de l'ADN ;
– soit 100 % de cellules à ADN hybride, de densité intermédiaire entre l'ADN léger et l'ADN lourd, confirmant le mode de réplication semi-conservatif.
- L'expérience de Meselson et Stahl a permis de confirmer le mode semi-conservatif de réplication de l'ADN.

a réplication semi-conservative de l'ADN

FICHE 3

Au cours de la phase S, les deux brins de la molécule se séparent et servent de matrice (support) pour former deux nouveaux brins complémentaires. L'ouverture de la double hélice ainsi que l'ajout de nucléotides fait intervenir de nombreuses protéines, notamment l'ADN polymérase.

I Les étapes de la réplication de l'ADN

- L'ADN polymérase est un **complexe enzymatique** (ensemble de protéines) capable de se fixer sur l'ADN.
- Cette fixation entraîne l'ouverture de la double hélice : localement, les deux brins se séparent et forment un **œil de réplication**. L'ADN polymérase constitue deux nouveaux brins d'ADN, à partir des nucléotides libres du noyau, par complémentarité avec les brins matrices (anciens brins).
- En absence d'erreur de l'ADN polymérase, ce mode de réplication conserve par complémentarité la séquence des nucléotides et préserve donc l'information génétique.

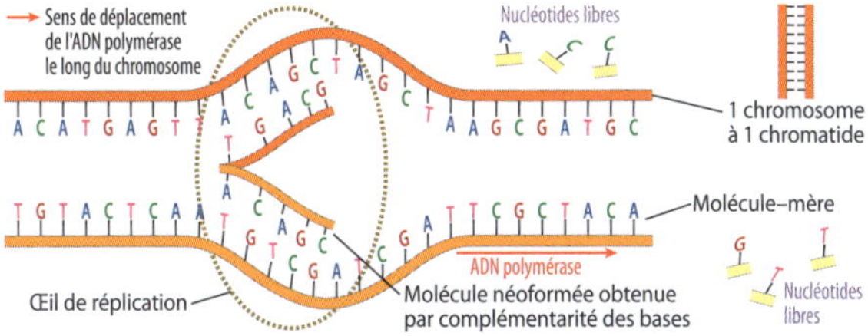

Schéma de la réplication semi-conservative

II La vitesse de la réplication de l'ADN

L'ADN polymérase se déplace le long de la molécule d'ADN et constitue de proche en proche les nouveaux brins d'ADN.

1. La réplication de l'ADN chez les bactéries

Chez la bactérie *Escherichia coli*, l'ADN polymérase est capable de synthétiser les deux brins néoformés à raison de 1 500 nucléotides ajoutés par seconde. La bactérie possède un unique chromosome circulaire contenant environ 4 millions de paires de nucléotides.

Exemple : sachant que la réplication débute en un point et se fait **dans les deux directions à la fois**, combien de temps dure-t-elle ?

4 000 000/(1 5000 × 2) = 1 333 s
= 22 minutes.

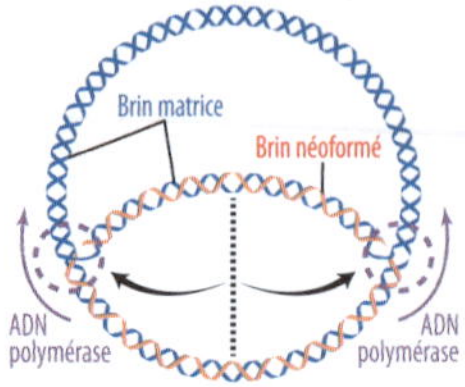

Réplication de l'ADN chez *Escherichia coli*

2. La réplication de l'ADN chez les eucaryotes

• Les eucaryotes possèdent souvent un génome* beaucoup plus grand que celui des bactéries. Par exemple, une cellule humaine possède 3 milliards de paires de nucléotides, répartis en 46 chromosomes.

Exemple : en considérant que la réplication débute de manière simultanée pour les 46 chromosomes et sachant que l'ADN polymérase des mammifères ajoute 50 nucléotides par seconde, combien de jours faut-il pour dupliquer le génome humain ?

3 000 000 000/(46 × 50 × 60 × 60 × 24) > 15 jours.

• En réalité cette réplication dure entre 6 et 7 heures. Chez les eucaryotes, plusieurs yeux de réplication se forment simultanément sur un même chromosome, ce qui permet d'accélérer la vitesse de réplication de l'ADN.

III La PCR, une méthode de réplication de l'ADN

• La **PCR** (amplification en chaîne par polymérase), mise au point en **1985** par **Kary Mullis**, est une technique de laboratoire qui permet de **répliquer des séquences d'ADN** que l'on souhaite étudier.

• Chaque cycle de PCR permet de **doubler la quantité d'ADN** de l'échantillon et se déroule en plusieurs phases :
– l'échantillon est **chauffé** pour **séparer les brins matrices** de l'ADN ;
– l'échantillon est **refroidi** pour permettre la **synthèse de nouveaux brins** d'ADN par complémentarité aux brins matrices.

• Au cycle suivant, les brins néoformés d'ADN servent à leur tour de matrice pour former de nouveaux brins. Ainsi, à partir d'un **échantillon infime**, un chercheur peut obtenir rapidement une quantité importante d'ADN à moindre coût.

a mitose, une réplication onforme de la cellule

FICHE 4

La construction d'un nouvel individu débute au moment de la fécondation d'un ovule par un spermatozoïde, formant une cellule unique : le **zygote**. Suite à de très nombreuses **mitoses***, l'individu sera, à l'âge adulte, constitué de milliards de cellules, toutes équipées du même patrimoine génétique. La mitose est donc un mécanisme qui assure la stabilité de l'information génétique d'un individu en produisant des clones cellulaires.

I L'organisation de l'information génétique

• Le **caryotype*** désigne l'ensemble des chromosomes d'un individu. L'humain possède 46 chromosomes répartis en 23 paires. Dans une paire, un chromosome est d'**origine maternelle** et l'autre d'**origine paternelle**.

• Un **gène** est une séquence située sur un chromosome qui code pour un **caractère**, une information. L'ensemble des gènes est appelé le **génome***.

• Avant la mitose, l'information génétique de chaque chromosome a été **dupliquée**. Les chromosomes sont constitués de deux molécules d'ADN identiques : les **chromatides***.

• Au cours de la mitose, les deux cellules-filles hériteront d'une chromatide de chaque chromosome et ainsi de la même information génétique. Le caryotype des cellules-filles sera le même que celui de la cellule-mère.

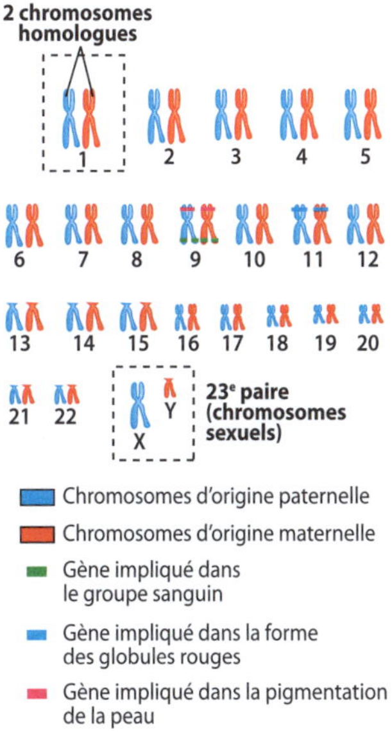

II Les étapes de la mitose

• La mitose est un mécanisme ordonné que l'on découpe par convention en 4 phases : la prophase, la métaphase, l'anaphase et la télophase.

Le centrosome est un ensemble de protéines. Il contrôle l'allongement ou le raccourcissement des fibres du fuseau mitotique, responsable du déplacement des chromosomes.

• La **prophase** constitue la première étape de la division cellulaire et fait suite à la duplication de l'ADN (→ *voir fiche 1*). Les chromosomes se **condensent**. Ils sont **doubles,** c'est-à-dire qu'ils possèdent tous **2 chromatides identiques** (deux copies de l'information génétique). L'enveloppe nucléaire disparaît. Les **centrosomes** se séparent et forment les futurs pôles du **fuseau mitotique**.

• Au cours de la **métaphase**, les chromosomes **migrent** vers le centre de la cellule, leurs déplacements étant guidés par l'ensemble de « câbles » constituant le **fuseau mitotique**. Ils s'alignent de sorte que leur **centromère** (point de jonction des deux chromatides) soit situé sur le plan **équatorial de la cellule**.

• À l'**anaphase**, sous la force exercée par les fibres du fuseau **mitotique**, les centromères se rompent. Les deux chromatides d'un même chromosome se trouvent alors séparées et migrent vers un **pôle opposé** de la cellule. Dans une cellule humaine, ce mécanisme a lieu simultanément dans les 46 chromosomes. Le fuseau mitotique provoque l'**allongement de la cellule** et l'éloignement des deux pôles.

• La mitose s'achève à la fin de la **télophase.** Les chromosomes, désormais constitués d'une seule chromatide, arrivent à un pôle de la cellule, ils se **décondensent**. Une **nouvelle membrane nucléaire** se forme autour des **deux lots de chromosomes**. Le cytoplasme se divise (**cytodiérèse**) et conduit à la formation de deux cellules-filles.

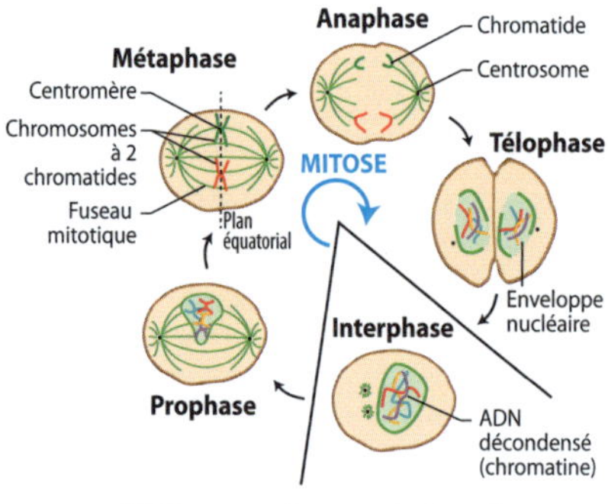

Les différentes étapes de la mitose

a méiose
: la production de gamètes

FICHE 5

Dans une espèce, le **caryotype* est stable** au cours des générations. Cette stabilité est assurée par le couplage de deux mécanismes : la **méiose*** et la **fécondation**. La méiose permet de produire des gamètes (spermatozoïdes, ovules) qui ne possèdent que la moitié des chromosomes d'un individu. Cette division produit des cellules haploïdes* (à 23 chromosomes) à partir d'une cellule-mère diploïde* (à 46 chromosomes).

La formule chromosomique, ex. : 2n = 46, permet d'indiquer si une cellule est diploïde (2n = ...) ou haploïde (n = ...) ainsi que le nombre total de chromosomes (ici 46).

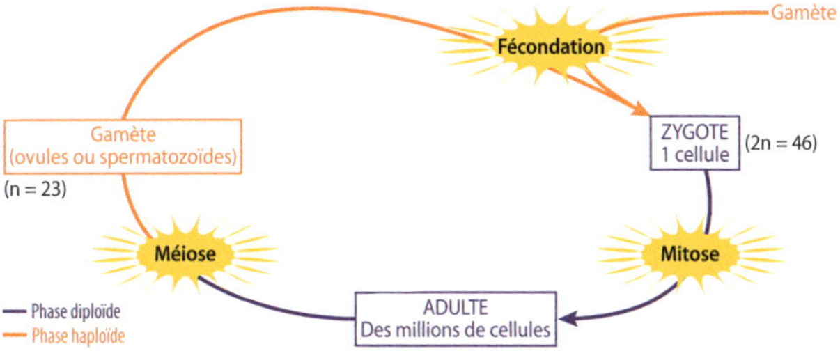

Schéma du cycle de développement

I Première division de la méiose : une division réductionnelle

- La méiose est découpée en 4 phases.
- La **prophase I** a lieu après la **duplication de l'ADN**. Les chromosomes qui se **condensent** sont alors **doubles** et possèdent **2 chromatides* identiques**. L'enveloppe nucléaire disparaît. La cellule est à ce stade **diploïde** (de formule 2n).

Deux chromosomes sont homologues et constituent une paire lorsqu'ils portent les mêmes gènes (mais pas forcément les mêmes allèles*).

- Au cours de la **métaphase I**, les chromosomes migrent, guidés par les fibres du **fuseau méiotique** et se répartissent de part et d'autre du plan équatorial.
- À l'**anaphase I**, le **fuseau méiotique** sépare les paires de **chromosomes homologues** qui migrent vers un **pôle différent**

de la cellule. Chaque pôle de la cellule hérite d'un chromosome homologue de chaque paire.

- La méiose I s'achève par la **télophase I**. Une nouvelle **enveloppe nucléaire** se forme autour de deux lots de chromosomes. Le cytoplasme se divise (**cytodiérèse**) et forme deux cellules-filles. On observe un début de **décondensation** des chromosomes.

- Cette première division aboutit à la formation de 2 cellules filles haploïdes (n) possédant des chromosomes à 2 chromatides. Le nombre de chromosomes est réduit de moitié, on parle d'une **division réductionnelle**.

II Deuxième division de la méiose : une division équationnelle

- Les deux cellules issues de la télophase I subissent rapidement une deuxième division. Cette deuxième étape conduit donc à la formation de 2 × 2 = **4 cellules-filles**.

- La **prophase II** commence par la recondensation des chromosomes. À ce stade, ceux-ci possèdent **2 chromatides identiques**. L'enveloppe nucléaire disparaît. Grâce au fuseau méiotique, les chromosomes migrent vers le centre de la cellule.

- Pendant la **métaphase II**, les chromosomes s'alignent, leur centromère placé sur le **plan équatorial** de la cellule.

- À l'**anaphase II**, le fuseau méiotique sépare **les chromatides de chaque chromosome** qui migrent vers un des deux pôles de la cellule.

- Au moment de la **télophase II**, chaque pôle de la cellule a hérité d'une chromatide de chaque chromosome. Une nouvelle enveloppe nucléaire se forme autour de chaque lot de chromosomes. Le cytoplasme se divise (cytodiérèse).

- Cette division s'apparente à une mitose*. Ici, le nombre de chromosomes est conservé, on parle d'une **division équationnelle**.

- À la fin de la méiose, 4 cellules-filles haploïdes possédant des chromosomes à 1 chromatide sont formées.

Exercice commenté pas à pas

L'expérience de Taylor

Sujet : Montrer que les résultats de l'expérience de Taylor sont cohérents avec une réplication de l'ADN semi-conservative. Des schémas sont attendus.

En 1957, Taylor réalise l'expérience suivante : il cultive de jeunes plantes en croissance sur un milieu contenant de la thymine radioactive pendant un cycle cellulaire* puis sur un milieu non radioactif. Des racines sont prélevées après 1 ou 2 cycles cellulaires. Elles sont rincées puis traitées à la colchicine qui bloque la division cellulaire.
Les chromosomes des cellules racinaires des différents lots sont observés par autoradiographie, une technique qui permet de visualiser les éléments radioactifs (ils apparaissent sous forme de petits points noirs).

Résultats obtenus :

Après un cycle cellulaire sur un milieu radioactif

Après un cycle cellulaire sur un milieu radioactif suivi d'un cycle sur un milieu non radioactif

Avant de commencer

▶ Dans les deux photographies, où se localise la radioactivité ?

▶ La radioactivité affecte-t-elle tous les chromosomes de la même manière ?

Étape 1 : comprendre l'objectif de l'expérience

Ici, Taylor utilise de la thymine radioactive pendant le premier cycle cellulaire, puis de la thymine non radioactive. La radioactivité permettra donc de distinguer les brins d'ADN formés pendant le premier cycle cellulaire (ils seront radioactifs) tandis que les brins d'ADN formés pendant le deuxième cycle ne seront pas radioactifs.

Étape 2 : schématiser la réplication semi-conservative

Lors de la réplication, un brin d'ADN de la cellule-mère est conservé (brin matrice) et sert de modèle pour former un nouveau brin d'ADN (brin néoformé). D'après les conditions expérimentales, les brins néoformés lors du premier cycle cellulaire sont radioactifs tandis que les brins néoformés lors de la deuxième division sont non radioactifs.

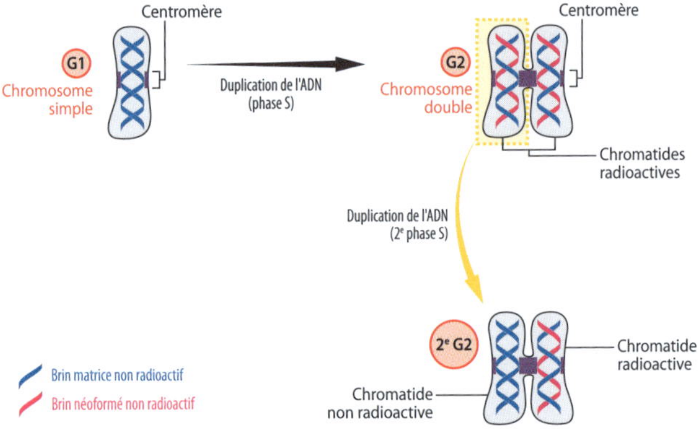

Aspect de l'ADN au cours des divisions cellulaires

Au début de la première mitose*, les chromosomes sont entièrement radioactifs puisque leurs deux chromatides* contiennent un brin néoformé radioactif. Au début de la deuxième mitose, les chromosomes ne possèdent plus qu'une seule chromatide contenant un brin d'ADN radioactif.

Les photographies sont cohérentes avec les résultats attendus : l'expérience de Taylor confirme bien que la réplication de l'ADN se fait selon un mode semi-conservatif.

Les étapes de la méiose

QUIZ-Mémorisation active

Questions	Réponses
Combien y a-t-il de chromosomes dans une cellule diploïde* ?	46 chromosomes (répartis en 23 paires, la cellule est diploïde).
En G2, quel est l'état du matériel génétique ? Est-il condensé/décondensé, simple/double ?	La cellule est en interphase, l'ADN est donc condensé. La phase G2 succède à la phase de duplication : l'ADN est donc double.
À quelle étape de la mitose* ou de la méiose* se situe cette cellule ? 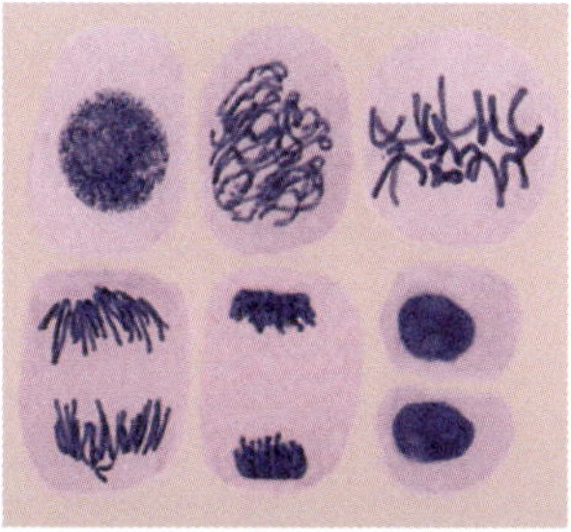	Cette cellule se situe à la fin de l'anaphase II de la méiose. On distingue en effet distinctement les 4 futures cellules-filles. La cytodiérèse n'a pas encore commencé.
À quelle étape de la mitose ou de la méiose se situe cette cellule ? 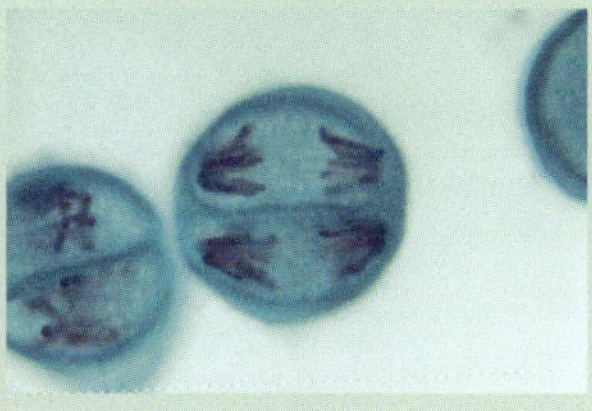	Cette cellule se situe à la prophase de la mitose. En effet, on distingue une seule cellule. Le matériel génétique est en cours de condensation.
On dispose d'une molécule d'ADN. On effectue 5 cinq cycles de PCR. À la fin, combien de molécules obtient-on ?	À chaque cycle, chacun des brins est dupliqué. La quantité d'ADN est donc doublée. Au bout de 5 cycles on obtient donc : $2^5 = 32$ molécules d'ADN.

SCHÉMA-BILAN

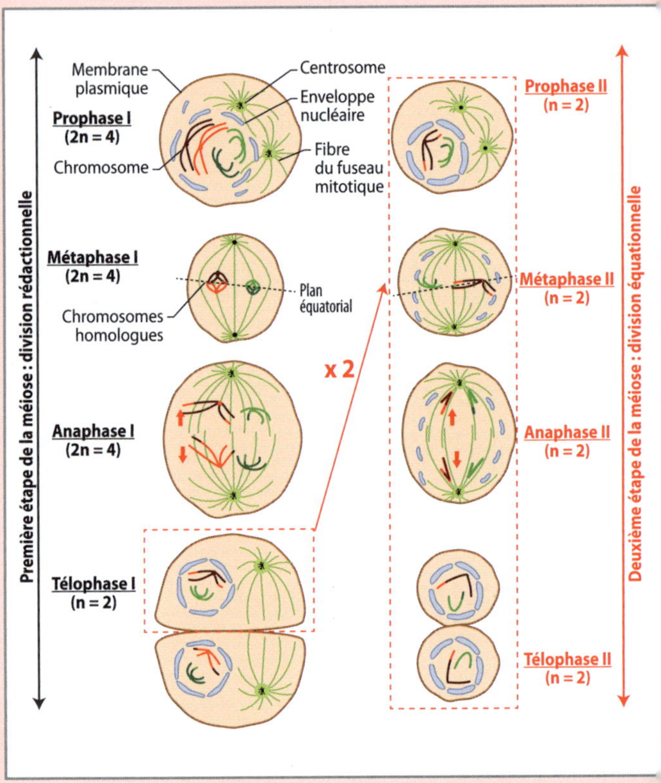

igines et conséquences
s mutations

FICHE **8**

Au sein d'une espèce, tous les individus possèdent les **mêmes gènes** et donc se ressemblent. Pourtant, chaque individu est **unique** car il possède une combinaison d'allèles* qui lui est propre. Les mutations*, en créant de nouveaux allèles, sont donc source de diversité.

Le **génome*** désigne l'ensemble des **gènes** et le **génotype*** l'ensemble des **allèles**.

I L'origine des mutations

1. Des mutations spontanées

- Si la réplication de l'ADN est un mécanisme globalement très fiable, il peut arriver que l'**ADN polymérase fasse une erreur** lors de la synthèse d'un nouveau brin d'ADN. Elle peut mettre en place un mauvais nucléotide, en oublier, ou encore en ajouter. La séquence du brin d'ADN est alors modifiée : on dit qu'elle est **mutée**. Ces mutations restent toutefois rares et concernent 1 nucléotide sur 100 000.
- D'autres mutations peuvent apparaître en dehors de la réplication. Par exemple, il arrive que la **cytosine se dégrade** et se **transforme en uracile**.

2. Des agents mutagènes

Certaines substances chimiques (ex. : fumée de cigarette), des agents physiques (ex. : les UV) ou encore des virus (ex. : HPV) augmentent la fréquence d'apparition des mutations : on parle d'**agents mutagènes**.

> **Exemple :** le PhénylThioCarbamide (PTC) est une substance amère que l'on retrouve dans le chou, les navets, les brocolis, le café, etc. Certaines personnes présentent une mutation qui les insensibilise au PTC.

II Les conséquences des mutations à l'échelle cellulaire

1. Une mutation bien souvent réparée

Il existe des **systèmes de réparation** des mutations : des **enzymes*** parcourent l'ADN à la recherche d'erreurs. Lorsqu'elles reconnaissent une séquence altérée, elles la **sectionnent** et l'ADN polymérase reforme un **fragment conforme**.

2. Si la mutation persiste

• Dans un gène, la séquence des nucléotides code pour la **production d'une protéine précise** et permet ainsi l'**expression de l'information génétique** (→ *voir fiche 13*).

• En altérant la séquence d'un gène, une mutation peut donc avoir des répercussions plus ou moins importantes sur la cellule :
– elle peut entraîner **la mort de la cellule** si le gène muté est indispensable à sa survie ;
– elle peut n'avoir **aucun effet** (en effet, le code génétique est redondant et différentes séquences de nucléotides peuvent aboutir à la production de la même protéine) ;
– elle peut conférer un **nouveau caractère à l'individu**. On appellera cette nouvelle séquence un **allèle**.

III Les conséquences des mutations à l'échelle de l'individu

Chez les individus atteints de **xeroderma pigmentosum**, un des systèmes de réparation de l'ADN ne fonctionne pas. Ces indidivus développent souvent des cancers de la peau.

• Si une mutation survient dans une **cellule somatique** (non reproductrice), elle sera transmise à tous les **clones** issus de cette cellule par division. L'apparition de mutations peut ainsi conduire au développement de **tumeurs cancéreuses**.

• Si une mutation survient dans une **cellule germinale** (ovule ou spermatozoïde), celle-ci pourra être transmise au descendant si elle impliquée dans la fécondation. Le descendant héritera de cette mutation qui sera présente dans **toutes ses cellules**. Si cet individu se reproduit à son tour, il transmettra lui aussi cette **mutation**.

IV Les mutations, un mécanisme à la base de la sélection naturelle

• Si **certaines mutations** peuvent être néfastes à l'individu et conduire à des **maladies génétiques** (ex. : la mucoviscidose), elles peuvent aussi procurer un **avantage** à celui qui en hérite (ex. : la tolérance au lactose).

• Les mutations, en créant aléatoirement de nouveaux allèles, génèrent de la diversité au sein des populations et sont donc à la base de la sélection naturelle et de l'évolution des espèces.

udier le génome pour constituer l'histoire humaine

FICHE 9

Le **génome*** est caractéristique d'une espèce. Si l'homme et le chimpanzé ont 99 % de gènes en commun, c'est que ces deux espèces se sont **séparées récemment**, il y a 6 à 7 millions d'années. L'étude du génome permet ainsi de révéler une partie de l'**histoire évolutive de l'espèce**.

I Déterminer la séquence du génome

1. Les débuts du séquençage

- En 1970, soit une vingtaine d'années seulement après la description de la structure de l'ADN par James Watson et Francis Crick, Frederick Sanger met au point la première **méthode de séquençage**. En 1977, ce biochimiste anglais décrit dans son intégralité le premier génome, celui du bactériophage ϕX174 (un virus).
- Débute alors une course au séquençage : en 1995, le premier génome bactérien est décrit, en 1996, celui d'un eucaryote, en 2003, le génome humain… Aujourd'hui, l'ADN de plus de 15 000 espèces a ainsi été séquencé.

2. La méthode de F. Sanger

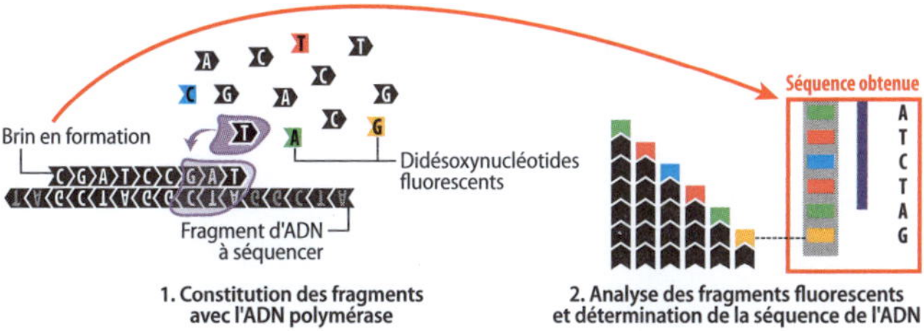

Le principe du séquençage de l'ADN

Cette technique débute par la **fragmentation** de la molécule d'ADN. Les deux brins sont ensuite **séparés** et mis en présence d'une **ADN polymérase**, de nucléotides et de **didésoxynucléotides** (des nucléotides fluorescents). L'ADN polymérase forme un nouveau brin par complémentarité. Lorsqu'elle insère un didésoxynucléotide, elle s'arrête. Les fragments obtenus, de taille variable, émettent une fluorescence caractéristique du dernier didésoxynucléotide incorporé (A vert, T rouge, G jaune et C bleu). Leur étude permet d'identifier la séquence de l'ADN étudié.

II L'étude du génome humain

Les allèles* d'un même gène se forment par **mutation*** d'une séquence initiale (**séquence ancestrale**). Ainsi, au fur et à mesure du temps, les mutations s'accumulent dans une population et la diversité **allélique augmente**. L'étude de cette diversité allélique permet ainsi de reconstituer une partie de l'histoire évolutive d'une espèce.

1. L'étude des génomes humains actuels

- Aujourd'hui, plus de 85 % des populations du nord-ouest de l'Europe peuvent digérer le lactose (sucre du lait) à l'âge adulte, grâce à une enzyme* : la **lactase**. En Asie, les deux tiers de la population en sont incapables : chez eux, la production de lactase cesse à partir de 2-3 ans. Ils sont **intolérants au lactose**.

- L'allèle déterminant la tolérance au lactose serait apparu il y a **75 000 ans** en Europe, se répandant rapidement au sein de ces populations. Il aurait alors été **sélectionné** car il était **avantageux**. C'est un exemple, chez l'homme, de **sélection naturelle**.

2. L'étude des génomes fossiles

C'est en 2010 que l'Homme de Denisovia a été découvert, grâce à l'analyse ADN d'une phalange fossile datant entre 30 000 et 50 000 ans.

- Dans les années 2000, le **génome de l'Homme de Néandertal** a été en partie déterminé. Si cette espèce possède plus de 99 % de gènes en commun avec l'*Homo sapiens*, certains gènes, impliqués notamment dans la pigmentation de la peau, la mise en place du squelette et le développement cérébral, diffèrent. Ces différences génétiques ont permis d'**estimer la séparation** entre les deux espèces à environ un million d'années.

- L'analyse des génomes a permis de mettre en évidence des phénomènes d'**hybridation** entre l'homme moderne, l'homme de Néandertal et celui de Denisovia.

> **Exemple :** les populations européennes et asiatiques possèdent dans leur génome **2 à 4 % de génome néandertalien** et les Papous de Nouvelle-Guinée 5 % de génome denivosien.

e l'ADN à l'ARNm

Dans une **cellule eucaryote**, les **protéines** sont produites dans le **cytoplasme** tandis que les **informations** nécessaires à leur synthèse (contenues dans l'ADN) se situent dans le **noyau**. L'expression de l'information génétique nécessite donc un **intermédiaire**, une molécule capable d'aller du noyau au cytoplasme : l'**ARN messager** (ARNm).

I Comparaison entre ARNm et ADN

- L'ARNm, comme l'ADN, est une molécule séquencée : elle est constituée d'un enchaînement de nucléotides dont la séquence constitue une information génétique.
- La nature chimique des nucléotides diffère : le sucre constitutif de l'ARNm est un **ribose** tandis que celui de l'ADN est un **désoxyribose**.
- Si l'ADN et l'ARNm possèdent des bases azotées similaires : adénine, guanine et cytosine, la thymine dans l'ADN est remplacée par l'**uracile** dans l'ARNm.
- Si l'ADN est constitué de deux brins complémentaires, l'ARNm ne possède qu'**un seul brin**, ce qui en fait une molécule beaucoup plus petite, capable de sortir du noyau.
- Contenant la même information que l'ADN, mais plus mobile, l'ARNm est donc un messager idéal pour la synthèse protéique.

II Synthèse de l'ARNm

La production de l'ARNm se fait en deux étapes : la **transcription** qui permet de produire un **ARN pré-messager** (**ARNpm**), puis une phase de **maturation** où il deviendra un ARNm.

1. La transcription

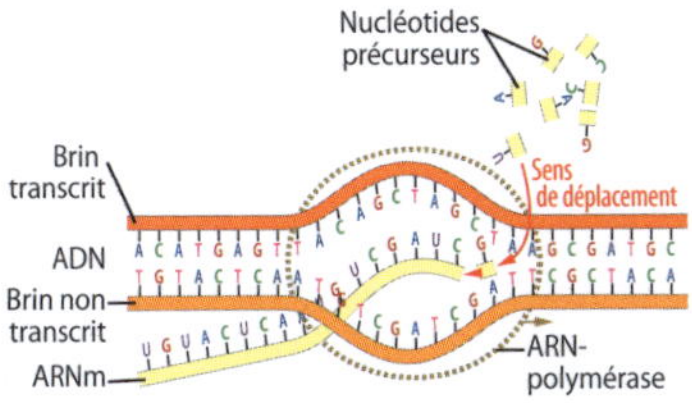

Schéma de la transcription de l'ADN

• Cette étape fait intervenir une enzyme*, l'**ARN polymérase**, qui se fixe sur l'ADN et sépare localement les deux brins de la molécule.

• L'ARN polymérase parcourt l'ensemble du gène et produit l'ARNpm à partir d'un des deux brins de l'ADN, appelé le **brin transcrit**.

• L'ARN polymérase ajoute successivement, en face de chaque nucléotide du brin transcrit, les nucléotides complémentaires (l'adénine face à l'uracile et la cytosine face à la guanine).

• L'ARN pré-messager ainsi formé possède **une séquence complémentaire au brin transcrit**.

• Le brin non transcrit de l'ADN étant lui aussi complémentaire au brin transcrit, il possède la même séquence que l'ARNpm, à la différence près que les thymines de l'ADN sont remplacées dans l'ARNpm par des uraciles. On parle de **brin sens**. L'ARNpm possède la **même information génétique que l'ADN**.

2. La maturation

• Après la transcription, l'ARNpm subit des modifications : c'est la **maturation**.

Chez l'humain, les exons ne représentent que 1,5 % de la longueur total du génome.

• Des enzymes éliminent certains fragments de l'ARNpm, appelés **introns**, et conservent des fragments appelés **exons**.

• Deux ARNpm de mêmes séquences ne conduisent pas forcément à deux ARNm identiques : en effet, les exons conservés ne sont pas toujours les mêmes. Ce phénomène, appelé **épissage alternatif**, est source de diversité et permet chez l'humain de produire plus de 100 000 protéines à partir de (seulement) 25 000 gènes.

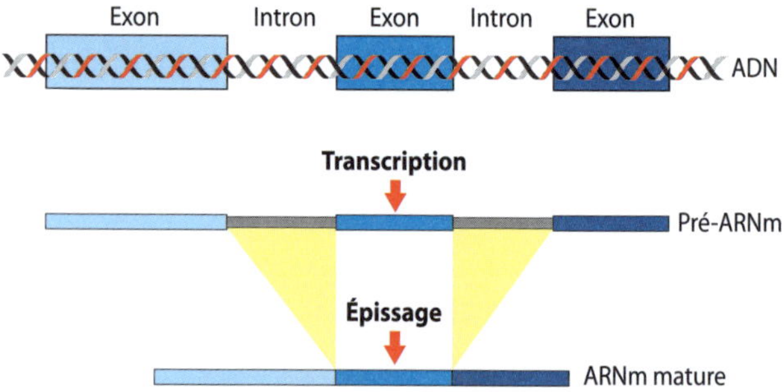

Schéma de la maturation de l'ADN

e l'ARNm à la protéine

FICHE 11

Une fois produit, l'ARNm sort du noyau par les **pores nucléaires**. Arrivé dans le cytoplasme, il sert de support à la production de protéines : c'est la **traduction**. Les protéines sont très diversifiées chez un organisme et constituent sa « boîte à outils », lui permettant d'assurer des fonctions fondamentales comme : la réalisation de **réactions chimiques** (ex. : enzymes*), la **communication** entre les organes (hormones), le **transport** de molécules (ex. : kynésine)…

Le protéome désigne l'ensemble des protéines d'une cellule à un instant donné.

I Structure d'une protéine

• Les protéines comme l'ADN ou l'ARN sont des **macromolécules séquencées**. En effet, les protéines sont composées d'un **enchaînement d'acides aminés** (petites molécules) regroupés par des **liaisons peptidiques**.

• Les vingt acides aminés qui servent à produire des protéines ont tous des propriétés légèrement différentes.

• La séquence des acides aminés d'une protéine lui assure donc sa spécificité.

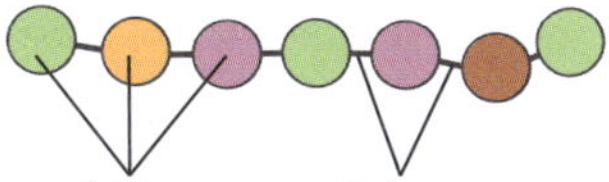

Structure d'une protéine

II Synthèse des protéines : la traduction

• La synthèse d'une protéine consiste à **traduire** l'information contenue dans l'ARN sous forme d'**une suite de nucléotides** (4 possibilités) en un **enchaînement d'acides aminés** (20 possibilités). Trois nucléotides sont nécessaires pour coder la mise en place d'un seul acide-aminé : ce triplet est appelé codon*. Le système de correspondance entre les codons et les acides aminés constitue le **code génétique**.

• La traduction a lieu dans le cytoplasme et se déroule en trois étapes.
– Étape 1 : **l'initiation**. Les deux sous-unités du ribosome (protéine) reconnaissent un **codon initiateur AUG**. Elles se fixent sur l'ARNm

et s'assemblent. Le **ribosome** débute la synthèse de la protéine par une **méthionine** (acide aminé).

– Étape 2 : **l'élongation**. Le ribosome parcourt l'ARNm et assure l'assemblage des acides aminés selon l'enchaînement des codons contenus dans l'ARNm.

– Étape 3 : **la terminaison**. Lorsque le ribosome arrive sur un **codon STOP**, ses deux sous-unités se dissocient. C'est la fin de la traduction. La protéine est alors libérée dans le cytoplasme.

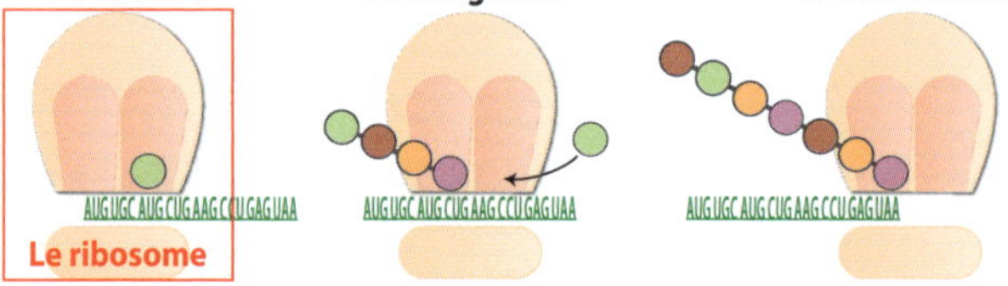

Les différentes étapes de la traduction

III La transgenèse, un exemple d'universalité du code génétique

• La transgenèse est une **technique de laboratoire** qui consiste à insérer dans les cellules d'un organisme **un ou plusieurs gènes** qui codent pour un caractère donné. L'information génétique de l'organisme est ainsi modifiée : on parle d'**OGM**.

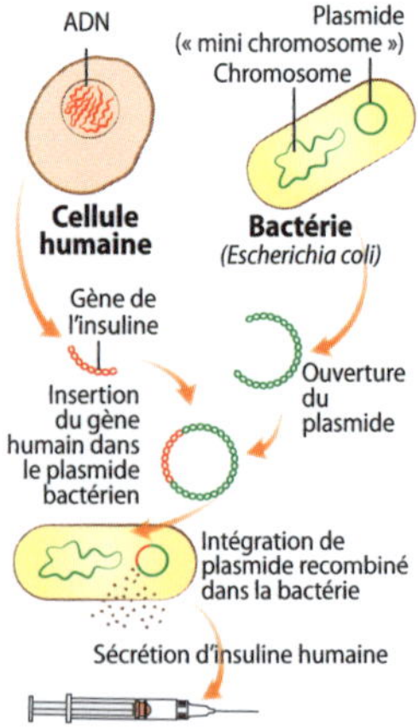

Production d'insuline par transgenèse

• Cette technique est utilisée en agronomie pour produire, par exemple, des plantes résistantes à certains parasites ou herbicides, mais aussi dans le domaine médical pour produire des médicaments ou des molécules à but thérapeutique (ex. : production d'insuline).

• Le gène transféré (transgène) peut provenir d'une espèce différente de l'organisme receveur. Des bactéries *E. coli* génétiquement modifiées peuvent ainsi produire de l'insuline humaine. La transgenèse montre donc que le code génétique est universel à tous les organismes vivants.

e phénotype, un produit du énotype et de l'environnement

FICHE 12

Des vrais jumeaux possèdent la même information génétique. S'ils sont très semblables, ils ne sont pas pour autant identiques (ex. : empreintes digitales différentes). Le phénotype*, c'est-à-dire l'ensemble des caractères observables de l'individu, n'est pas uniquement le produit des gènes, mais dépend également de l'environnement.

I Les différents niveaux d'expression du phénotype

- Le phénotype s'observe à trois niveaux :
– l'**échelle de l'organisme** (ou macroscopique) : il correspond aux **symptômes**, aux critères physiques, morphologiques, anatomiques et physiologiques des individus ;
– l'**échelle cellulaire** : il correspond aux caractéristiques observées au niveau des cellules (forme, fonctionnement, etc.) ;
– l'**échelle moléculaire** : il correspond à l'ensemble des **protéines** qui se trouvent dans une cellule.

- Ces trois phénotypes sont liés : le phénotype moléculaire entraîne le phénotype cellulaire qui lui-même induit le phénotype macroscopique.

II Le phénotype, produit de l'interaction du génome* et de l'environnement

1. La relation génotype-phénotype

- La séquence d'un **gène** détermine la séquence d'une **protéine**. Une mutation* peut être à l'origine d'une protéine différente ou de l'absence de protéine.

- Le génotype* a une incidence directe sur le phénotype moléculaire d'un individu et sur les phénotypes cellulaire et macroscopique.

- La synthèse de lipides et de glucides est également sous le contrôle des gènes : certains gènes déterminent la production de protéines (enzymes*) qui contrôlent leur synthèse.

Exemple : chez le lapin, la **couleur du pelage** est due à la production d'un pigment : la **mélanine**. Il provient de la transformation de la phénylalanine sous l'action de plusieurs enzymes dont la tyrosinase. Si cette enzyme ne fonctionne pas, le lapin ne produit pas de mélanine et son pelage est blanc (phénotype albinos).

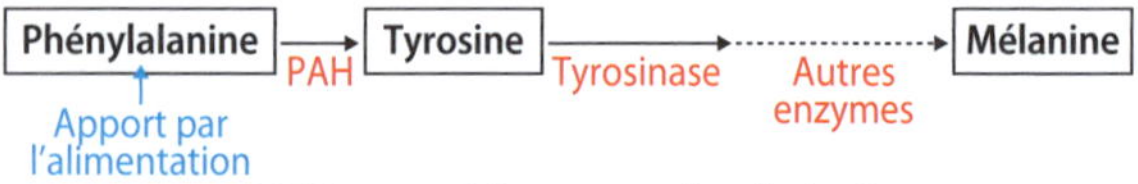

Différents phénotypes chez le lapin

Lapin sauvage (Tyrosinase fonctionnelle, allèle 1)

Lapin albinos (Tyrosinase non fonctionnelle, allèle 2)

Lapin himalayen (Tyrosinase fonctionnelle, allèle 3)

Voie de synthèse de la mélanine

2. La relation phénotype-environnement

- Le phénotype moléculaire dépend aussi de **la nature des gènes qui s'expriment** sous l'effet de différents **facteurs non génétiques**.

- Il existe des **gènes régulateurs** dont le rôle est d'activer ou d'inhiber la transcription **d'autres gènes**. L'environnement a un rôle prépondérant dans l'expression de ces gènes. Chaque cellule, suivant sa position dans l'organisme, exprimera des gènes différents. Ce mécanisme est à l'origine de la **différenciation cellulaire**.

- L'expression des gènes peut aussi **varier au cours du temps** dans une même cellule. La pratique d'un effort physique intense stimule la production de protéines musculaires, qui entraîne à son tour l'augmentation de la masse musculaire.

- L'environnement peut avoir une incidence directe sur le phénotype moléculaire : certaines protéines sont **sensibles** aux conditions environnementales.

Exemple : chez le lapin himalayen, la tyrosinase est sensible à la **température**. À 36 °C, elle ne fonctionne plus : il n'y a pas de production de mélanine, le corps de l'animal est blanc.
À 30 °C, la tyrosinase fonctionne : la mélanine est produite, les extrémités du lapin sont noires.

es enzymes, « boîte à outils » de la cellule

FICHE 13

Certaines protéines ont une **activité enzymatique** : elles permettent d'**accélérer** la vitesse de certaines réactions chimiques à l'intérieur de la cellule. Elles agissent en petit nombre et restent intactes à la fin de la réaction : on parle de **catalyseur**. Ces protéines ont un rôle clé dans le métabolisme d'une cellule et assurent sa spécificité.

Métabolisme : ensemble des réactions chimiques qui ont lieu dans une cellule.

I Le rôle des enzymes

1. Les barrières à certaines réactions chimiques

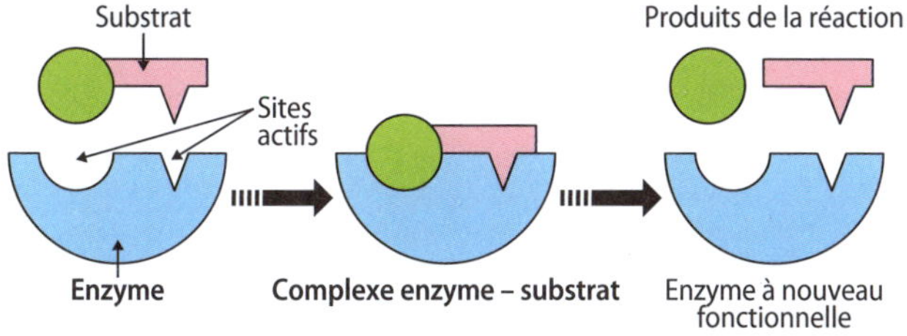

Sources : d'après Georges Dolisi

Le mode d'action chez les enzymes

- Dans une cellule, les réactifs libres dans le **cytoplasme** sont **entourés de molécules d'eau**, ce qui limite leurs interactions.
- La transformation de ces réactifs en produits peut faire intervenir des **formes intermédiaires** très instables qui nécessitent une quantité importante d'énergie : on parle d'**énergie d'activation**.

2. La structure d'une enzyme

- La plupart des enzymes* sont des protéines et sont donc constituées d'un enchaînement d'acides aminés. Certains d'entre-eux peuvent établir des liaisons avec un **substrat** (réactif) et forment un **site de fixation**. La fixation enzyme-substrat est spécifique : une enzyme ne catalyse qu'un seul type de réaction chimique. Certaines enzymes possèdent plusieurs sites actifs et catalysent une réaction qui fait intervenir plusieurs réactifs en même temps.
- Le site de fixation d'une enzyme se trouve généralement dans une cavité **hydrophobe** qui libère le substrat de ses molécules d'eau et

stabilise les formes intermédiaires. Une enzyme abaisse ainsi l'énergie d'activation nécessaire à la réalisation de la réaction chimique.

3. Caractériser la catalyse enzymatique

L'efficacité d'une enzyme peut être déterminée en mesurant la quantité de produits formés au cours du temps ou de substrats consommés. La vitesse de la réaction à un instant *t* se détermine alors avec la pente de la tangente à la courbe à cet instant *t*.

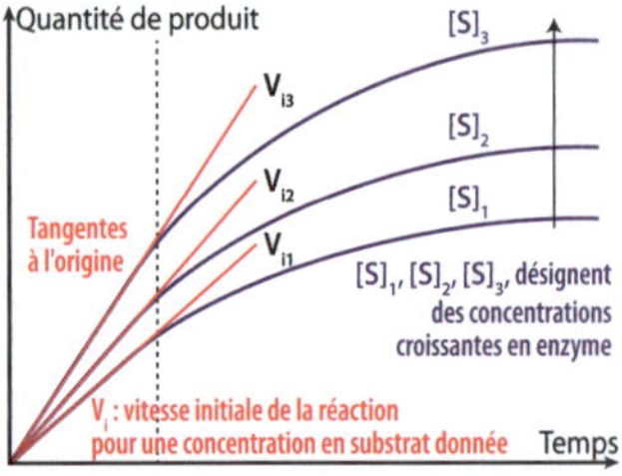

Déterminer la vitesse initiale d'une réaction

II Une activité enzymatique modulable

1. Une cellule spécialisée selon son équipement enzymatique

Le nom d'une enzyme est souvent construit avec le nom de son substrat + la terminaison « ase ».

Du fait que les enzymes contrôlent la grande majorité des réactions chimiques, le métabolisme d'une cellule et son phénotype* dépendent de son équipement enzymatique.

Exemple : après un repas, grâce à leurs enzymes les cellules des muscles, comme celles du foie, peuvent stocker l'excédent de glucose sous forme de glycogène. En revanche, en cas de jeûne, seules les cellules du foie pourront transformer le glycogène en glucose.

2. L'activité enzymatique soumise à de nombreuses régulations

- Des enzymes sont très sensibles aux conditions environnementales comme la température et le pH. La tyrosinase du lapin himalayen, responsable de la pigmentation de sa fourrure (→ *voir fiche 12*), perd sa structure tridimensionnelle à 36 °C : elle est dénaturée et ne peut plus catalyser de réaction chimique.

- Les cellules phagocytaires (→ *voir fiche 45*) sont capables de digérer des bactéries dans leur phagosome grâce à la lysozyme. Celle-ci n'est efficace qu'à un pH acide. Ainsi, elle est inactive dans le cytoplasme (pH = 7), ce qui empêche des dégradations incontrôlées.

Le cas de la drépanocytose

Sujet : Déterminer la différence dans la séquence de l'hémoglobine HbA et HbS.

La drépanocytose est une maladie héréditaire qui se caractérise par la production de globules rouges déformés qui peuvent bloquer la circulation du sang dans les petits vaisseaux et provoquer la mort de l'individu. Or, la forme anormale de ces globules rouges est due à la production d'une protéine altérée : l'hémoglobine HbS (un individu sain produit la forme HbA).

Extrait des séquences codant pour l'hémoglobine HbA et HbS

Allèle* HbS (brin transcrit) : TAC CAC GTG GAC TGA GGA CAC CTC TTC AGA

Allèle HbA (brin transcrit) : TAC CAC GTG GAC TGA GGA CTC CTC TTC AGA

Le code génétique

Premier nucléotide	Deuxième nucléotide : U		C		A		G		Troisième nucléotide
U	UUU UUC	phénylalanine	UCU UCC UCA UCG	sérine	UAU UAC	tyrosine	UGU UGC	cystéine	U C
	UUA UUG	leucine			UAA UAG	STOP	UGA	STOP	A
							UGG	tryptophane	G
C	CUU CUC CUA CUG	leucine	CCU CCC CCA CCG	proline	CAU CAC	histidine	CGU CGC CGA CGG	arginine	U C
					CAA CAG	glutamine			A G
A	AUU AUC AUA	isoleucine	ACU ACC ACA ACG	thréonine	AAU AAC	asparagine	AGU AGC	sérine	U C
	AUG	méthionine			AAA AAG	lysine	AGA AGG	arginine	A G
G	GUU GUC GUA GUG	valine	GCU GCC GCA GCG	alanine	GAU GAC	acide aspartique	GGU GGC GGA GGG	glycine	U C
					GAA GAG	acide glutamique			A G

Avant de commencer

► Que désigne le « brin transcrit » de l'ADN ? Le brin « sens » ?

► Quelle différence y a-t-il dans la séquence de l'ARNm par rapport à celle de l'ADN ?

► Qu'est-ce qu'un codon* ?

→ Étape 1 : transcrire la séquence d'ADN en ARNm

Le brin transcrit sert de matrice pour former l'ARNm, sa séquence est donc complémentaire. Dans l'ARN la thymine est remplacée par l'uracile.

Allèle HbA : TAC CAC GTG GAC TGA GGA CTC CTC TTC AGA

ARNm HbA : AUG GUG CAC CUG ACU CCU GAG GAG AAG UCU

Allèle HbS : TAC CAC GTG GAC TGA GGA CAC CTC TTC AGA

ARNm HbS : AUG GUG CAC CUG ACU CCU GUG GAG AAG UCU

→ Étape 2 : traduire l'ARNm en protéine

Il faut à présent utiliser le code génétique pour traduire chaque codon en acide-aminés.

ARNm HbA : AUG GUG CAC CUG ACU CCU GAG GAG AAG UCU

Protéine HbA : Met Val His Leu Thr Pro Glu Glu Lys Ser

ARNm HbS : AUG GUG CAC CUG ACU CCU GUG GAG AAG UCU

Protéine HbS : Met Val His Leu Thr Pro Val Glu Lys Ser

→ Étape 3 : comparer les séquences HbA et HbS

On remarque que dans la protéine HbS, le septième acide-aminé est modifié : une valine remplace l'acide glutamique présent dans l'hémoglobine HbA. Cette modification dans la séquence d'acide-aminé est due à une altération dans la séquence de l'allèle HbS : le vingtième nucléotide est une adénine et non une thymine (on parle de substitution).

L'expression du patrimoine génétique

FICHE 15

QUIZ-Mémorisation active

Questions	Réponses
Dans quel cas une mutation* peut être transmise à la descendance ?	Si la mutation affecte une cellule de la lignée germinale.
Quelle est la différence entre le génotype* et le phénotype* ? Le génotype et le génome* ?	– Le phénotype désigne l'ensemble des caractères observables chez un individu. – Le génome désigne l'ensemble des gènes. Il est spécifique à une espèce. – Le génotype désigne l'ensemble des allèles*. Il est propre à chaque individu.
Comment l'environnement peut-il affecter le protéome ? De quel phénotype parle-t-on ?	Le protéome désigne l'ensemble des protéines d'une cellule. Il appartient donc au phénotype moléculaire. L'expression du génotype peut varier en fonction de facteurs non génétiques (âge, activité sportive, etc.) et donc conduire à un protéome différent. L'activité enzymatique est également soumise aux conditions environnementales.
Pourquoi qualifie-t-on les enzymes* de « boîte à outils » de la cellule ?	Les enzymes sont les « outils » de la cellule au sens où elles sont nécessaires à la réalisation des réactions chimiques à l'intérieur de la cellule. Ce sont des acteurs clés du métabolisme cellulaire.

SCHÉMA-BILAN

Expression du patrimoine génétique

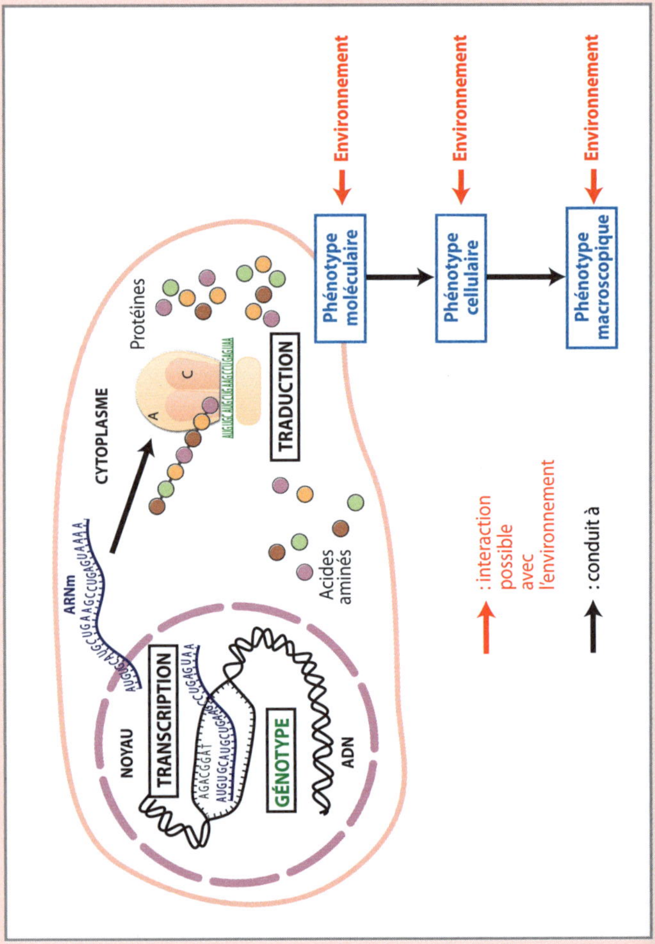

Sur Terre, **deux altitudes sont majoritaires** : + 300 m, l'**altitude moyenne des continents**, et – 4 800 m, l'**altitude moyenne des océans**. Cette répartition bimodale atteste d'un contraste géologique entre le domaine océanique et le domaine continental.

I Les roches de la croûte continentale

Structure d'un granite

Structure d'un gneiss

• La carte géologique de France atteste d'une grande diversité de roches continentales en surface. On distingue :

– des **roches sédimentaires** (ex. : les calcaires du Bassin parisien) qui proviennent du dépôt de particules issues de l'altération d'autres roches. Ces roches sont très superficielles et ne représentent que 5 % du volume total de la croûte continental ;

– des roches **métamorphiques** (ex. : les gneiss du Massif central) qui proviennent de la déformation de roches suite à d'importantes variations de pression et de température (→ *fiche 24*). Ces contraintes entraînent une orientation préférentielle des minéraux dans le **gneiss** : on observe une alternance de bandes claires riches en feldspaths et en quartz, et des bandes sombres riches en micas (on parle de **foliation**) ;

– des **roches magmatiques** (ex. : les granites* du Massif armoricain) qui proviennent du **refroidissement d'un magma**. Si ce refroidissement s'est effectué lentement en profondeur dans la croûte, la roche est **entièrement cristallisée**. On parle d'une **structure grenue***. Ces roches magmatiques grenues (ou roches plutoniques*) sont les plus abondantes de la croûte continentale. Elles ont généralement une composition proche du granite : on parle de granitoïdes*.

• On peut associer la composition chimique de la croûte continentale à celle d'un granite. Cette roche, d'une densité faible (2,7), se caractérise par sa richesse en silicium (Si), en sodium (Na) et en potassium (K), des éléments globalement légers.

II Les roches de la croûte océanique

• Contrairement au domaine continental, les roches du domaine océanique ne sont pas directement accessibles. Il a fallu attendre le XXe siècle, et le développement des submersibles pour mieux connaître la composition du plancher océanique.

• La croûte océanique est composée verticalement d'une fine couche de roches sédimentaires, puis de roches magmatiques : les basaltes* et les gabbros (composants majoritaires de la croûte).

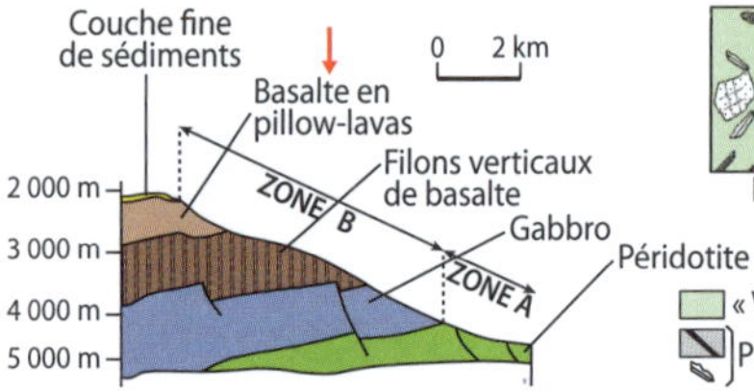

Observation de la lithosphère* océanique à Vema

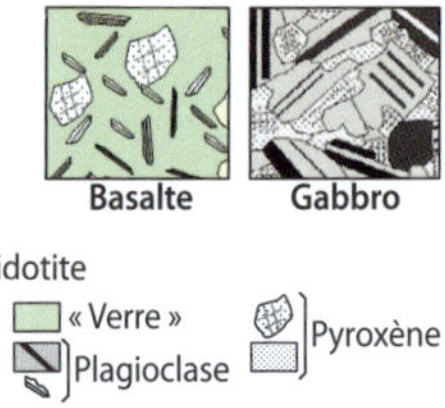

Deux roches emblématiques de la croûte océanique

• Si le basalte et le gabbro sont composés des mêmes minéraux (pyroxènes et plagioclases), ils ne présentent pas la même structure.
– Le basalte : roche microlitique* constituée de quelques minéraux pris dans une pâte non cristallisée appelée « verre ». Cette structure témoigne d'un refroidissement rapide du magma au contact de l'eau de mer. C'est une roche magmatique volcanique.
– Le gabbro : roche grenue entièrement cristallisée. Il provient du même magma, mais son refroidissement a été beaucoup plus lent. C'est une roche magmatique plutonique.

• On peut, par conséquent, associer la composition chimique de la croûte océanique à celle d'un gabbro (ou d'un basalte). Cette roche d'une densité plus élevée (2,9) qu'un granite se caractérise par sa richesse en atomes de fer (Fe) et de magnésium (Mg) qui sont des éléments lourds.

s ondes sismiques
la structure de la Terre

FICHE 17

Nos connaissances sur la structure de la Terre sont majoritairement issues d'**observations indirectes**. En effet, les **forages** les plus profonds atteignent à peine 30 km de profondeur. La propagation des **ondes sismiques**, qui dépend de la nature des roches traversées, constitue un outil de choix pour étudier la Terre en profondeur et décrire ses différentes **enveloppes**.

I Les différents types d'onde

Les ondes peuvent également être provoquées artificiellement par l'homme à l'aide de camions vibrants, de canons à eau etc. pour étudier le sous-sol.

- Un **séisme** est causée par la rupture brusque de roches en profondeur au niveau du **foyer**, suite à différentes **contraintes**. Cette rupture entraîne une libération importante d'**énergie** sous forme de **vibrations** qui se déplacent de proche en proche dans le sol : ce sont les **ondes sismiques**.

- On distingue deux types d'ondes :
– les **ondes P** ou **primaires**. Elles se caractérisent par une série de **compressions** et de **dilatations** du sol qui se propagent horizontalement. Très **rapides**, ces ondes sont les **premières** à être enregistrées après un séisme ;
– les **ondes S** ou **secondaires**. Elles se manifestent par des **déplacements verticaux** du sol. Elles se propagent uniquement dans les matériaux solides.

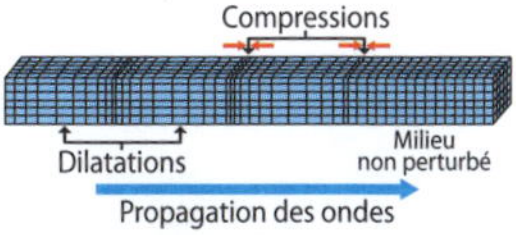

Onde P ou primaire

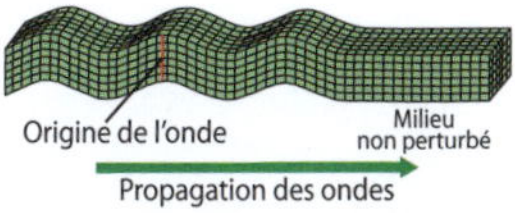

Onde S ou secondaire

- Leur vitesse dépend de la nature des terrains traversés : plus une roche est **dense** et plus la vitesse des ondes augmente. Les ondes sismiques apportent donc de précieuses informations sur la **densité** et l'état **physique** (solide, liquide) des enveloppes traversées.

II La propagation des ondes dans le sol et leur enregistrement

• Au moment d'un séisme, les ondes formées se propagent dans **toutes les directions**. Ces ondes peuvent être enregistrées par un **sismographe** ou **sismomètre**. Leur enregistrement s'appelle un **sismogramme**.

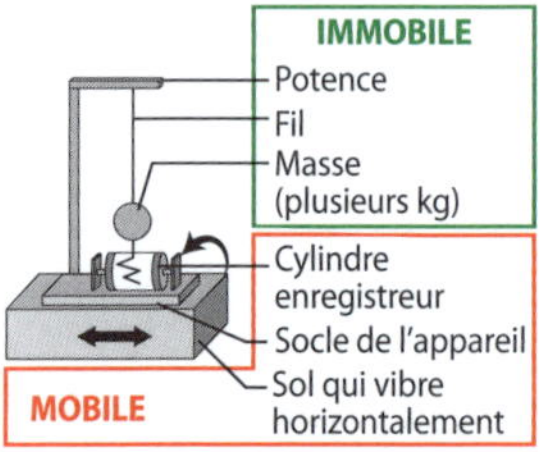

Sismographe

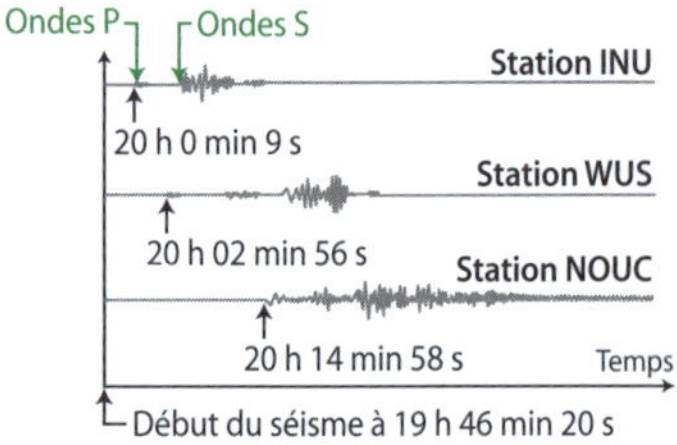

Sismogrammes obtenus après le séisme de Luzon (Philippines) du 2/3/19

• Dans un sismographe, le cylindre enregistreur se déplace avec les vibrations du sol. Seule l'aiguille de marquage est immobile. Suivant la **position du cylindre**, le sismographe peut enregistrer des déplacements verticaux ou horizontaux.

• L'intensité de ces ondes **décroît** avec la distance. Celle-ci est maximale à l'**épicentre** (point situé en surface, à la verticale du foyer) puis diminue au fur et à mesure que l'on s'en éloigne.

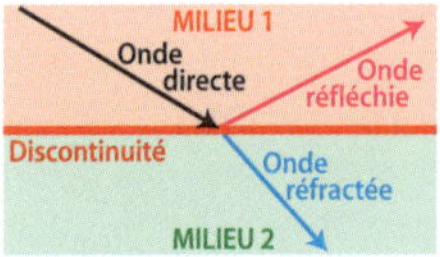

Comportement d'une onde au niveau d'une discontinuité

• Lors de leur propagation, les ondes peuvent rencontrer des **discontinuités**, c'est-à-dire des frontières délimitant deux enveloppes terrestres de **natures chimiques** distinctes (on parle alors de **discontinuité chimique**) ou d'**états physiques différents** (on parle alors de **discontinuité physique**).

• Au niveau d'une discontinuité, une onde sismique peut être **réfléchie** par l'interface entre les deux milieux, ou elle peut traverser le deuxième milieu et être **réfractée**.

• L'étude des ondes sismiques et de leur propagation dans le sous-sol permet ainsi de mettre en évidence l'existence de discontinuités physiques ou chimiques et d'appréhender les différentes enveloppes terrestres.

[A]pport des ondes sismiques [su]r la structure de la Terre

FICHE **18**

Dans les années 1960, le développement de la **sismologie** a permis de mieux comprendre l'organisation interne de la Terre. Si la propagation des ondes sismiques est assez **homogène horizontalement**, elle est très variable **verticalement**, témoignant de l'organisation en **couches concentriques** de la Terre.

I La découverte des discontinuités terrestres

1. La zone d'ombre sismique et son interprétation

• L'augmentation du nombre de stations d'enregistrement dans le monde a révélé l'existence d'une **zone d'ombre située entre 11 500 et 14 500 km de l'épicentre** où aucune onde sismique n'est enregistrée.

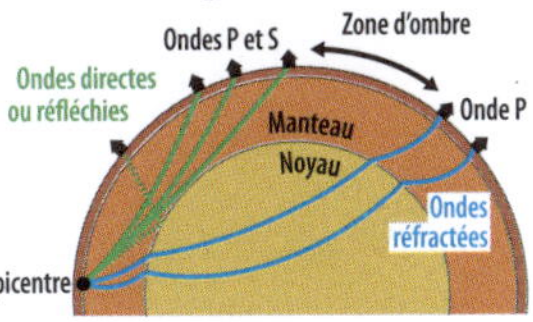

Interprétation de la zone d'ombre

• Cette zone se situe entre la dernière station capable d'enregistrer des **ondes directes** et la première station à pouvoir enregistrer des **ondes réfractées** par le noyau.

Les ondes réfléchies sont un outil pour mettre en évidence les discontinuités (→ *voir fiche 20*).

2. Le modèle PREM et son interprétation

• En 1981, Dziewonski et Anderson ont proposé un modèle de propagation des ondes P et S en profondeur : le modèle **PREM*** (*Preliminary Référence Earth Model*). Celui-ci met en évidence plusieurs **discontinuités** :

– le **Moho*** : **discontinuité chimique** qui délimite en milieu océanique, vers 15 km de profondeur, la **croûte basaltique** et le manteau composé de **péridotites**. Situé à 30 km dans le domaine continental, il sépare ici la **croûte granitique** du manteau ;

– la discontinuité de **Gutenberg** vers 2 900 km, qui sépare le **noyau**

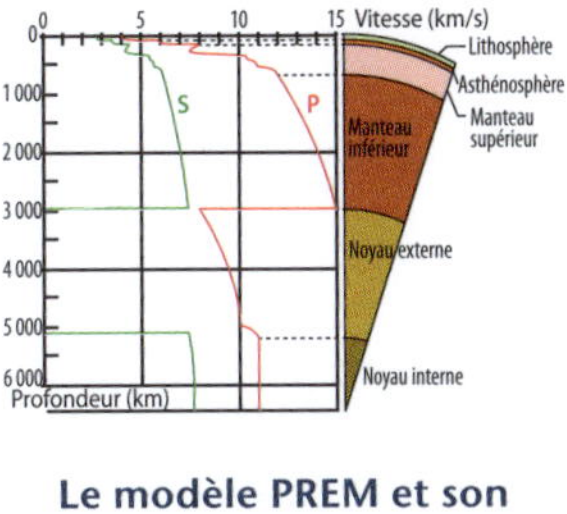

Le modèle PREM et son interprétation

externe du manteau. Elle se caractérise par la disparition S : le noyau externe est liquide. C'est une discontinuité physique ;
– la discontinuité de Lehman vers 5 200 km. Elle délimite le noyau externe du noyau interne. À cette interface, les ondes S réapparaissent : le noyau interne est solide.

• La LVZ (*Low Velocity Zone*), située entre 100 et 200 km, se caractérise par un ralentissement important des ondes dû à un changement de comportement des roches. Elle délimite une portion du manteau appelé l'asthénosphère où les roches sont « molles » : on dit qu'elles ont un comportement ductile*. Elle s'oppose au comportement cassant des roches de la lithosphère*, plus denses.

Les roches de l'asthénosphère, bien que ductiles, restent à l'état solide, comme l'atteste la présence d'ondes S. On peut les comparer à de la pâte à modeler : elle aussi solide et déformable.

II La tomographie sismique

Le modèle PREM permet de modéliser une vitesse moyenne de propagation des ondes en fonction de la profondeur. Localement, on peut toutefois constater des écarts de vitesse par rapport au modèle PREM : on parle d'anomalies. Leur étude est appelée la tomographie sismique*.

1. Les anomalies négatives et leur interprétation

• Sur certains profils tomographiques apparaissent des anomalies négatives. C'est-à-dire que les ondes sismiques se propagent moins vite que dans le modèle PREM.

• Ce ralentissement est interprété comme une anomalie thermique : les roches plus chaudes que la moyenne sont moins denses et les ondes s'y propagent moins vite.

• Ces anomalies attestent de remontées de matériel chaud d'origine superficielle (ex. : au niveau des dorsale*) ou au contraire d'origine très profonde (ex. : les points chauds).

2. Les anomalies positives et leur interprétation

• En zone de subductions* on peut au contraire mesurer des anomalies positives : les ondes se propagent plus vite que la moyenne.

• Des roches plus froides que la moyenne sont donc plus denses et les ondes s'y propagent plus vite.

:ude thermique de la Terre éothermie)

FICHE 19

La Terre évacue en permanence de la **chaleur**. Celle-ci provient de la **désintégration** d'éléments **radioactifs** et de l'énergie thermique emmagasinée au moment de sa formation (**chaleur primitive**). Cette **chaleur interne** diffuse alors vers la surface, plus ou moins vite selon le comportement des enveloppes traversées, et apporte des informations sur l'organisation interne de la Terre.

I Les différents transferts de chaleur

- La chaleur interne peut être transférée vers la surface par **convection** ou par **conduction**.
- Dans la **conduction**, le transfert de chaleur se fait de proche en proche, par **diffusion**. La différence de température varie fortement avec la profondeur : on parle de **gradient thermique** fort.
- Dans la **convection**, le transfert de chaleur se fait par déplacement de matière.

Exemple : c'est le transfert mis en jeu quand on chauffe une casserole d'eau. Au fond de la casserole, à mesure que sa **température augmente**, l'eau devient de moins en moins **dense** : elle remonte alors en surface. Au contact de l'air, elle **refroidit**, devient plus dense et **plonge** vers le fond de la casserole. Elle est à nouveau chauffée et un nouveau cycle commence… Ces mouvements cycliques de matière forment des **cellules de convection**.

Conduction

Refroidissement de proche en proche
FORT GRADIENT GÉOTHERMIQUE

Convection

Refroidissement par déplacement de matière (le milieu est homogène)
FAIBLE GRADIENT GÉOTHERMIQUE

Les deux modes de transfert de chaleur

- La convection est beaucoup plus efficace que la conduction et conduit à des **gradients thermiques faibles**.

II L'étude des gradients géothermiques

1. Mesures directes du gradient géothermique

- Dans les premiers kilomètres, le **gradient géothermique** peut être mesuré directement par des forages.

75 % de la chaleur diffusé en surface est évacuée au niveau des dorsales qui sont le lieu de production de la lithosphère* océanique (→ *voir fiche 23*).

- À la surface du globe, il est élevé au niveau des **dorsales*** (30 °C/km), il diminue au niveau des zones de **subduction*** (10 °C/km).
- Le gradient géothermique étant **important et contrasté**, on peut en conclure que dans la **croûte**, le mode de transfert de chaleur est la **conduction**.

2. L'apport des ondes sismiques dans les transferts thermiques

Dans le manteau et le noyau, le gradient géothermique est inférieur à 0,5 °C/km. Cette valeur concorde avec un transfert par convection.

Au-delà de la croûte, la détermination du gradient géothermique ne peut être qu'**indirecte**.

Exemple : le calcul suivant nous permet de comprendre que les modes de transfert de chaleur dans le manteau sont différents.

Dans un premier temps, on considère que le gradient géothermique de la croûte est le même en profondeur (soit entre 10 et 30 °C/km) et correspond à un transfert de chaleur par conduction. En connaissant le rayon terrestre (6 371 km), on peut calculer la température au centre de la Terre : celle-ci devrait être comprise entre 60 000 et 190 000 °C. À ces températures-là, le noyau serait entièrement fondu. Or, l'étude des ondes sismiques (→ *voir fiche 17*) nous indique que la graine est solide. On en conclut donc que les transferts de chaleur **au-delà de la croûte** se font par **convection**. Ces mouvements sont cohérents avec l'idée d'une **asthénosphère ductile*** et d'un **noyau externe liquide**, déterminés par l'étude des ondes sismiques (→ *voir fiche 18*).

Exercice commenté pas à pas

Déterminer la profondeur du Moho

Sujet : Pour les trois stations sismiques, déterminer la profondeur du Moho et conclure sur l'hypothèse de Airy.

En 1854, Airy émit l'hypothèse que le Moho* (limite géologique entre la croûte et le manteau) est d'autant plus profond que le relief du domaine continental est fort. Le but de cet exercice est de vérifier cette affirmation à l'aide de données sismiques.

- **Document 1 : L'étude des ondes PMP**

On s'intéresse ici aux ondes PMP. Ces ondes se propagent dans la croûte à la même vitesse que les ondes P et sont réfléchies par le Moho (→ *voir schéma*). Les ondes PMP arrivent donc à une station sismique avec un retard par rapport aux ondes P, qui dépend de la profondeur du Moho.

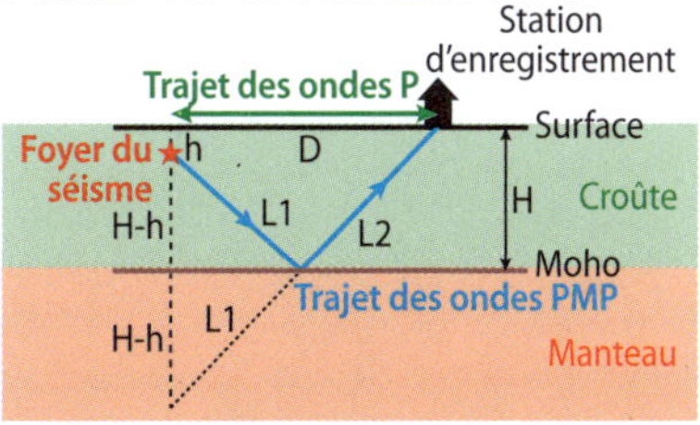

On note :
- D le trajet suivi par les ondes P ;
- L le trajet suivi par les ondes PMP sachant que L = L1 + L2 ;
- h = profondeur du foyer F en km.

- **Document 2 : Tableau des résultats d'enregistrement de différents séismes**

	Station sismique	Station 1	Station 2	Station 3
a	Altitude (m)	150	0	1 034
b	Heure du séisme	3 h 12 min 04 s	3 h 12 min 04 s	4 h 48 min 06 s
c	Heure d'arrivée des ondes P	3 h 12 min 15,570 s	3 h 12 min 17,064 s	4 h 48 min 21,494 s
d	Heure d'arrivée d'ondes PMP	3 h 12 min 18,540 s	3 h 12 min 19,583 s	4 h 48 min 24,874 s
e	Profondeur (h) du foyer (km)	11	11	11
f	Distance (D) épicentrale (km)	63,30	70,80	86,40

Avant de commencer

- Que nous apprend le théorème de Pythagore sur H ?
- Comment peut-on déterminer L ?

Étape 1 : déterminer le temps de trajet des ondes P et PMP

Il s'agit d'une simple soustraction entre l'heure d'arrivée des ondes et l'heure du début du séisme.

	Station sismique	Station 1	Station 2	Station 3
c-b	Temps de trajet des ondes P (s)	11,570	13,064	15,494
d-b	Temps de trajet des ondes PMP (s)	14,540	15,583	18,874

Étape 2 : déterminer la vitesse des ondes P = PMP et donc la distance L

On peut calculer la vitesse des ondes P. En effet, on connait la distance qu'elles ont parcouru (d) et leur temps de trajet (c – b) · Vp = d/(c – b). Or, la vitesse des ondes PMP est la même que celle des ondes P, on peut estimer la distance L qu'elles ont parcouru : L = Vp × (d – b).

	Station sismique	Station 1	Station 2	Station 3
(D/(c-b))×(d-b)	Distance (L) parcourue par les ondes PMP (km)	79,55	84,45	105,25

Étape 3 : déterminer la profondeur du Moho (H) à l'aide du théorème de Pythagore

D'après le théorème de Pythagore :

$$(L1 + L2)^2 = D^2 + (h + 2(H - h))^2$$

$$H = (\sqrt{(L^2 - D^2)} + h)/2)$$

	Station sismique	Station 1	Station 2	Station 3
a	Altitude (m)	150	0	1034
(√(L²–D²) + h)/2	Profondeur (H) du Moho (Km)	29,59	28,52	35,55

Ces résultats sont cohérents avec l'hypothèse de Airy.

Le domaine continental et océanique

FICHE 21

QUIZ-Mémorisation active

Questions	Réponses
Qu'est-ce qu'une roche plutonique* ? Donner un exemple.	Une roche plutonique est une roche issue du refroidissement lent et en profondeur d'un magma. La roche est entièrement cristallisée, elle a une structure (ou texture) grenue*. Ex. : granite*, gabbro.
Que nous apprend l'étude des ondes S sur l'état des roches du noyau ?	Les ondes S ne se propagent pas dans les solides. Or on observe la propagation d'ondes S uniquement dans le noyau interne. Le noyau interne est donc solide tandis que le noyau externe est liquide.
Que signifie en tomographie* une anomalie positive ? À quel contexte est-elle associée ?	Une anomalie positive signifie que les ondes sismiques se propagent plus vite que la vitesse moyenne des ondes définies dans le modèle PREM*. Le matériel traversé est donc plus dense, plus froid. On trouve de telles anomalies en subduction*.
La discontinuité de Gutenberg est-elle une discontinuité physique ou chimique ?	Les deux. Elle délimite deux enveloppes de nature chimique différente (le manteau composé de péridotites et le noyau riche en Fe et en Ni) et d'état physique différent (le manteau est solide et le noyau externe est liquide).
Si je mélange mon thé très chaud à l'aide d'une cuillère, comment sera le gradient thermique dans ma tasse ?	Avec la cuillère, j'homogénéise mon thé. Le gradient thermique sera donc faible : le transfert de chaleur se fera par convection (déplacement de matière).

Croûte océanique

- Roches majoritaires : basalte et gabbro
- Densité forte (2,9)
- Richesse en Fe, Mg
- Épaisseur moyenne 15 km

Basalte

- Roche magmatique volcanique
- Structure microlitique
- Couleur sombre

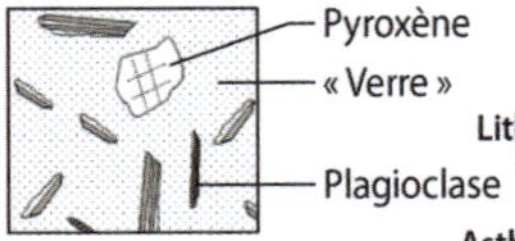

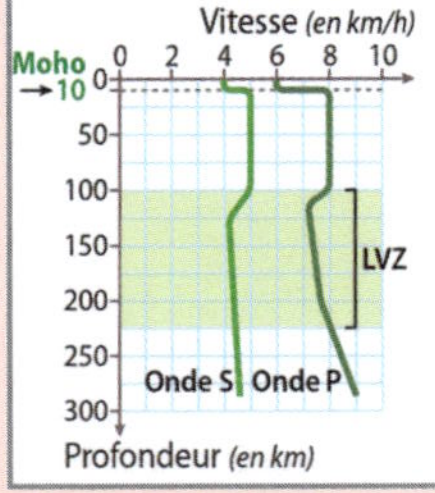

STRUCTURE INTERNE TERRESTRE

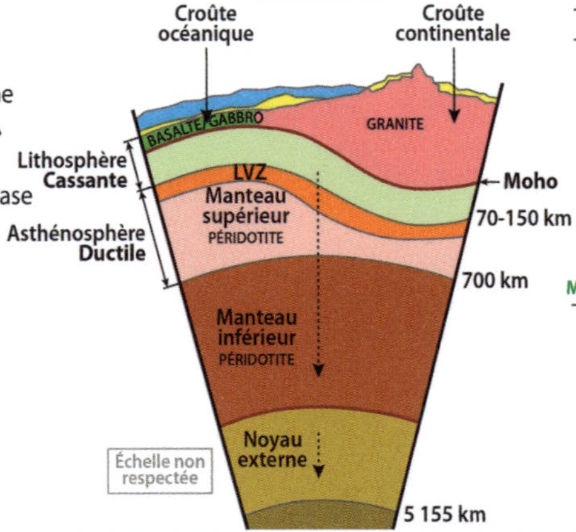

Croûte continentale

- Roche majoritaire : granite
- Densité faible (2,7)
- Richesse en Si, Na, K
- Épaisseur moyenne 30 km

Granite

- Roche magmatique plutonique
- Structure grenue
- Couleur claire

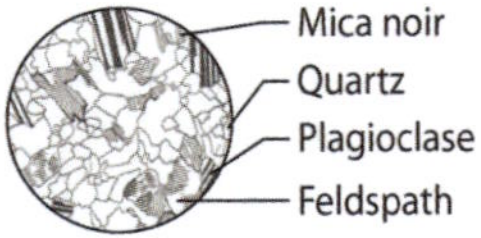

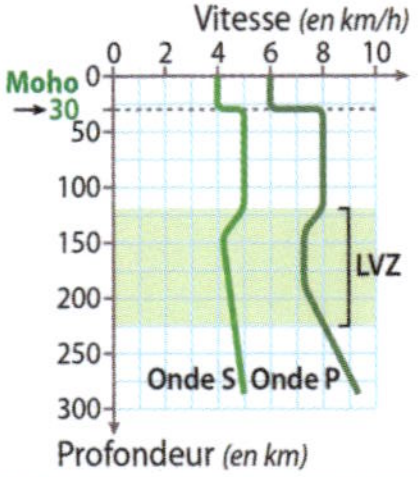

Dans les années 1960, les progrès des **études sismiques** et **thermiques** (→ *voir fiches 18 à 20*) affinent nos connaissances de la structure de la Terre et permettent de comprendre que la lithosphère* est **animée de mouvements horizontaux**. En 1967, le terme de « plaque » est utilisé pour désigner ces unités qui se déplacent sur l'asthénosphère visqueuse.

I Le modèle de la tectonique des plaques

1. La limite verticale des plaques tectoniques

- Une **plaque tectonique** est composée de la **croûte** (océanique ou continentale) ainsi que du **manteau supérieur** (jusqu'à 70-150 km de profondeur) formant la **lithosphère**.

> **Il n'y a pas de séisme** dans l'asthénosphère. La présence de séismes profonds témoigne d'un plongement de la lithosphère en profondeur.

- Cette couche est définie par une **limite thermique** : sa température ne dépasse pas l'**isotherme 1 300 °C**.

- Elle a un **comportement cassant** : sous la contrainte, ses roches se fracturent, provoquant des séismes. L'**asthénosphère** (*asthéno* = sans résistance), plus chaude, a au contraire un **comportement ductile*** : ses roches se déforment mais ne rompent pas.

2. La limite horizontale des plaques tectoniques

- On distingue deux types de frontières :

– les **frontières convergentes** où les plaques se rencontrent. Dans les zones de collision, deux lithosphères continentales s'affrontent et forment des **chaînes de montagnes** (→ *voir fiche 25*). Les zones de subduction* sont le lieu de la **disparition de la lithosphère océanique** qui plonge dans le manteau (→ *voir fiche 24*). On y note la présente de **séismes profonds** répartis sur un **plan incliné** : le plan de Wadati-Benioff ;

– les **frontières divergentes** où les plaques s'**écartent**. Au niveau des **dorsales* océaniques** (→ *voir fiche 23*), la remontée de magma permet la **formation de lithosphère océanique**.

- Les frontières des plaques concentrent une importante **activité sismique** et **volcanique** et sont très **déformées**.

II Des marqueurs à l'affleurement de la dynamique terrestre

La vitesse : V = distance/temps

Le **déplacement** des plaques tectonique peut être quantifié par des **données GPS** (→ *voir fiche 26*) ou par l'étude de certains **marqueurs géologiques** présents à la surface de la Terre, comme les **points chauds** et les **sédiments marins**.

1. Étude des points chauds

• Certains volcans ne se situent pas aux frontières des plaques et sont dus à la **remontée profonde** de magma : on parle de volcanisme de **point chaud**. Si **le point chaud** est **fixe**, la plaque en surface, elle, se déplace et le point de sortie de la lave se **décale**, formant un nouveau volcan.

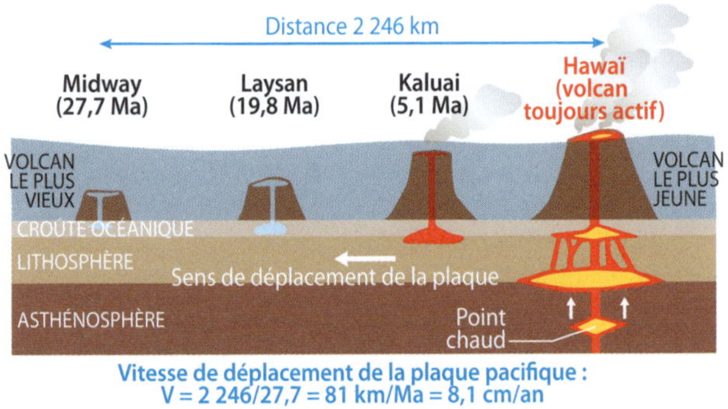

Le volcanisme de point chaud à Hawaï

• En connaissant l'âge des différents volcans et leurs distances respectives, on peut calculer la vitesse de déplacement de la plaque tectonique qui les porte.

2. Étude des sédiments marins au niveau d'une dorsale

• Dès sa formation, des sédiments se déposent à la surface de la lithosphère océanique. Ils se **répartissent symétriquement** de part et d'autre de la dorsale et s'**accumulent au cours du temps**.

• La vitesse de déplacement des plaques peut alors être déterminée en considérant l'âge des sédiments et leur distance par rapport à l'axe de la dorsale. Plus on s'éloigne de la dorsale et plus l'**épaisseur des sédiments** qui reposent sur la croûte **augmente**.

production de la lithosphère
éanique au niveau des dorsales

FICHE 23

La dorsale* est une **frontière divergente**, caractérisée par une intense activité sismique et magmatique. En 1963, Hess développe le modèle de l'**expansion océanique** : il explique que les dorsales sont les lieux de production de la lithosphère* océanique.

I La production de lithosphère océanique

1. Le fonctionnement d'une dorsale

- Lorsque la lithosphère est **étirée**, elle se **fracture** et s'**amincit**. Cette divergence conduit à la remontée de roches du **manteau asthénosphérique** chaud. Ces péridotites restent à la même température (1 300 °C), mais subissent une brusque **décompression** qui entraîne leur **fusion partielle** : un **magma basaltique** se forme dans la **chambre magmatique**.

- Tandis que la majorité du magma refroidit lentement dans la croûte et le **gabbro** (→ *voir fiche 16*), une petite partie remonte jusqu'en surface, s'insinuant dans les fractures de la croûte océanique. Ce magma refroidit brusquement au contact de l'eau de mer et forme du **basalte***. Par ailleurs, la partie non fondue du manteau, la **péridotite résiduelle**, se refroidit et forme le **manteau lithosphérique**.

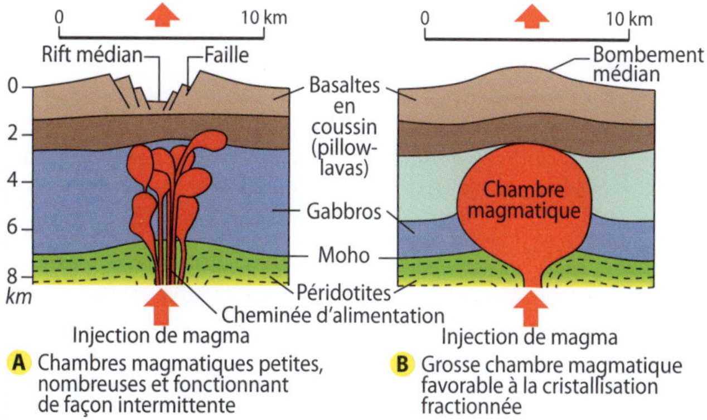

Structure de la lithosphère océanique

• Basalte, gabbro et péridotite forment la lithosphère océanique, qui s'éloigne de part et d'autre de la dorsale, au fur et à mesure qu'une nouvelle lithosphère océanique se forme.

2. Les dorsales rapides et les dorsales lentes

En fonction de la vitesse d'expansion océanique, on distingue deux types de dorsales :
– les dorsales lentes, qui ont une vitesse de l'ordre 2 cm/an (ex. : la dorsale de l'océan Atlantique). La fusion partielle, et donc la production de magma, est faible et discontinue. La divergence entraîne la mise à l'affleurement des zones du manteau. La dorsale se caractérise par la fracture des roches qui l'environnent, formant une vallée axiale ;
– les dorsales rapides, qui ont une vitesse comprise entre 9 et 18 cm/an (ex. : la dorsale de l'océan Pacifique). Le magma remonte abondamment et un dôme se forme à l'aplomb de la dorsale.

II Le vieillissement de la lithosphère océanique

• Dès sa formation, la lithosphère océanique réalise des échanges avec l'eau de mer, on parle d'hydrothermalisme*. Ainsi, la lithosphère océanique âgée, éloignée de l'axe de la dorsale, se différencie de la jeune lithosphère :
– en vieillissant, la lithosphère océanique se refroidit. L'isotherme 1 300 °C s'abaisse (devient plus profond) : le manteau lithosphérique s'épaissit. Les roches deviennent cassantes et la croûte océanique se fracture en surface ;
– de nouveaux minéraux se forment (ex. : hornblende, chlorite, serpentinite). Ils possèdent des groupements hydroxyles (OH) provenant de l'eau de mer : ce sont des minéraux hydratés. Ces réactions minéralogiques conduisent à la transformation des roches. Dans le manteau lithosphérique âgé on trouve des péridotites serpentinisées et dans la croûte des métagabbros à amphibole (hornblende, chlorite).

• Suite à ces modifications la lithosphère devient de plus en plus dense. Quand sa densité dépasse celle du manteau (3,2) : elle plonge, c'est le début de la subduction*. Il n'existe pas de lithosphère océanique âgée de plus de 200 millions d'années, car passé cet âge, la lithosphère a déjà subduit et ses composants ont réintégré le manteau.

...es zones de subduction, ...es frontières convergentes

FICHE 24

À la différence de la lithosphère* continentale, la lithosphère océanique est constituée de roches dont l'âge ne dépasse jamais 200 millions d'années. En effet, passé cet âge, la lithosphère est recyclée dans le manteau dans les zones de subduction*.

Métamorphisme* : changement à l'état solide d'une roche suite à des variations de pression et de température.

I Le moteur de la subduction océanique

- À mesure qu'elles s'éloignent de la dorsale*, les roches océaniques s'hydratent et se refroidissent. En effet, de l'eau de mer à 2 °C s'infiltre dans les fractures, se réchauffe et échange des ions avec la lithosphère océanique chaude : c'est l'hydrothermalisme*.
- Les roches subissent un métamorphisme à basse pression : certains minéraux deviennent instables et disparaissent tandis que d'autres se forment : comme l'actinote et la chlorite, caractéristiques du faciès schiste vert.
- En refroidissant la lithosphère océanique devient de plus en plus dense. Quand sa densité dépasse celle du manteau (3,2), elle plonge en profondeur : c'est le début de la subduction. Le plongement de la lithosphère dans le manteau initie un mouvement (descendant) de convection. La subduction est le principal moteur de la mise en mouvement des plaques tectoniques.

II Le magmatisme de subduction

Le plongement de la lithosphère océanique entraîne la fusion partielle du manteau de la plaque chevauchante. Ce magma, en refroidissant, formera des roches magmatiques à l'origine de l'accrétion du domaine continental.

1. Des transferts d'eau entre les plaques

- Au fur et à mesure que les roches de la lithosphère océanique s'enfoncent dans le manteau, elles subissent un métamorphisme de haute pression et de basse température. De nouveaux minéraux se forment : d'abord du glaucophane, caractéristique du faciès

Un faciès est un ensemble de minéraux qui ne se forment que dans certaines conditions de pression et de température.

schiste bleu, puis du **grenat** et de la **jadéite**, caractéristiques du **faciès éclogite**.

• Ce métamorphisme conduit à la **disparition de minéraux hydratés** (chlorite, actinote, glaucophane), au profit de minéraux **anhydres** (jadéite, grenat). L'eau dégagée par la plaque subduite remonte et vient hydrater les péridotites du manteau de la plaque chevauchante.

2. La formation d'un magma dans la plaque chevauchante

• La **péridotite hydratée** entre en **fusion partielle**. Le magma formé est riche en **silice** et en **eau**. Moins dense que les roches du manteau environnant, il remonte à travers la croûte de la plaque chevauchante.

• Au cours de sa remontée, le magma subit des **modifications** plus ou moins importantes et peut être à l'origine d'une **grande diversité de roches magmatiques**.

3. Le plutonisme à l'origine des granitoïdes

• La majorité du magma reste en **profondeur** dans la croûte et **refroidit lentement**. Les roches formées sont **entièrement cristallisées** et constituent des **plutons** (ex. : granodiorite).

• D'une composition proche du granite* et de structure **grenue***, ces **granitoïdes*** sont les composants majoritaires de la **croûte continentale** (→ *voir fiche 16*).

4. Les caractéristiques du volcanisme de subduction

• Si le magma est riche en gaz, il peut remonter jusqu'en surface et former des **édifices volcaniques**. À l'air libre, le magma refroidit brusquement et forme des **roches magmatiques volcaniques** à **structure microlitique*** (ex. : andésite).

• Ce magma étant riche en eau et en silice, il est souvent très **visqueux**. Dans les édifices volcaniques, des bouchons qui s'opposent au dégazage du magma se forment. La pression s'accumule jusqu'à la rupture : on parle d'un **volcanisme de type explosif**.

...es zones de collision, ...es frontières convergentes

FICHE 25

Lorsque la lithosphère* océanique a complètement disparu par **subduction***, la **convergence des plaques** peut aboutir à la rencontre de deux **lithosphères continentales**. Celles-ci étant peu denses (2,7), elles plongent difficilement dans le manteau. Les forces de compression qui s'exercent sont alors absorbées par les déformations des roches. Celles-ci entraînent un **épaississement vertical** à l'origine de l'important relief des **chaînes de montagnes**.

I Les marqueurs tectoniques de la déformation des roches à l'affleurement

1. Les déformations cassantes

- Dans un contexte de **convergence**, les roches subissent des forces de **compression**. Sous ces **contraintes**, les roches de la croûte ont un **comportement cassant** (→ *voir fiche 18*) qui donne naissance à des fractures : les **failles inverses**.

- Ces failles permettent le déplacement vertical des blocs de roches qui se **superposent**. On parle de **chevauchement**. Dans le cas de très grandes failles, presque horizontales, les chevauchements peuvent se faire sur de très grandes échelles, de l'ordre du kilomètre. Ce sont des **nappes de charriage**.

> **Les chevauchements** se remarquent par un non-respect du **principe de superposition** : des terrains âgés recouvrent des terrains plus jeunes.

2. Les déformations souples

- La croûte est très riche en **éléments radioactifs** qui se désintègrent au cours du temps en libérant de la chaleur. Dans les chaînes de montagnes, quand la croûte est très épaisse, les roches en profondeur se réchauffent. Plus **ductiles***, elles peuvent alors subir des **déformations souples** comme des **plis**.

- Failles inverses, chevauchements, nappes de charriage et plis sont des marqueurs du raccourcissement horizontal de la lithosphère continentale.

II Caractériser les déformations de la lithosphère en profondeur

• Dans les années 1980 a été lancée en France une grande étude sismique : **l'ECORS** (Étude de la croûte continentale et océanique par réflexion et réfraction sismique).

• La **sismique réflexion** et **réfraction** sont des méthodes qui consistent à créer des ondes sismiques, à l'aide de **camions vibreurs**, et d'en observer la propagation. Les **ondes réfléchies** et **réfractées** sont particulièrement regardées, car elles mettent en évidence l'existence en profondeur de **discontinuités** (on parle de réflecteurs). Les enregistrements obtenus sont appelés des **profils sismiques** ou **profils ECORS**. De cette manière, des profils ECORS ont été réalisés dans les Alpes et dans les Pyrénées.

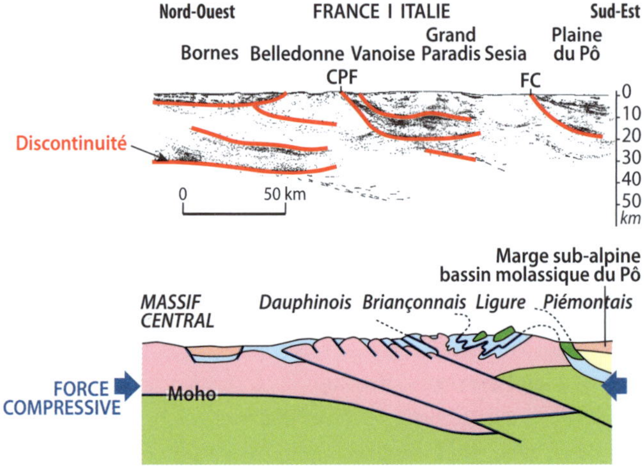

Profil ECORS dans les Alpes et son interprétation

Exemple : sur ce profil réalisé dans les Alpes, on remarque que le Moho* est très profond : il atteint 70 km de profondeur. On parle de **racine crustale**. On remarque également l'empilement d'écailles crustales résultant de la formation de **failles inverses**, de **chevauchements** et de **nappes de charriage**. Ces différents indices attestent bien de la rencontre « frontale » de deux lithosphères continentales, c'est-à-dire d'une **collision**.

Déterminer le déplacement d'une plaque grâce aux données GPS

Sujet : À l'aide des données GPS, déterminer le type de frontière présent entre la plaque eurasiatique et nord-américaine, en Islande.

Développé dans les années 1980, le géopositionnement par satellite (GPS) permet de mesurer en continu le positionnement de balises à différents endroits du globe. Une station GPS envoie des données à des satellites en orbite terrestre qui déterminent sa position en altitude, longitude et latitude à un instant donné.

Station JTC1 | **Station AQUI**

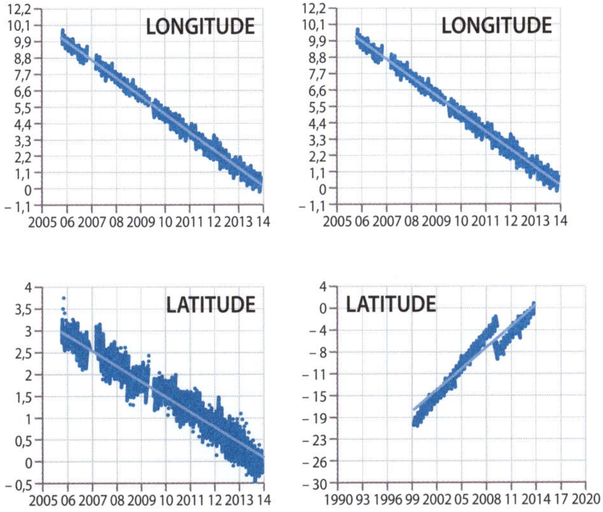

Avant de commencer

► Une vitesse de déplacement positive indique un déplacement vers l'est (en longitude) ou le nord (en latitude). Une vitesse négative indique un déplacement vers l'ouest (en longitude) ou le sud (en latitude).

Étape 1 : déterminer le déplacement de la station JTC1

En longitude, je détermine le coefficient directeur de la droite. Pour cela, je prends deux points assez éloignés : A(2006 ; 9,8) et B(2014 ; 0).
vitesse longitude = (yb – ya)/(xb – xa) = (0 – 9,8)/(2014 – 2006) = – 1,2 cm/an
En latitude, de la même mainère avec A(2006 ; 3) et B(2014 ; 0).
vitesse latitude = (yb – ya)/(xb – xa) = (0 – 3)/(2014 – 2006) = – 0,4cm/an
La station JTC1 de déplace donc de 1,2 cm/an vers le nord et de 0,4cm/an vers l'ouest.

Étape 2 : déterminer le déplacement de la station AQUI

En longitude, je détermine le coefficient directeur de la droite. Pour cela je prends deux points assez éloignés : A(2005 ; – 20) et B(2014 ; 0).
vitesse longitude = (yb – ya)/(xb – xa) = (0 – (– 20))/(2014 – 2005) = 2,2 cm/an
En latitude, de la même manière avec A(2002 ; – 15) et B(2014 ; 0).
vitesse latitude = (yb – ya)/(xb – xa) = (0 – (– 15))/(2014 – 2002) = 1,2 cm/an
La station AQUI se déplace donc de 2,2 cm/an vers le sud et de 1,2 cm/an vers l'est.

Étape 3 : tracer les vecteurs de déplacement et conclure sur le type de frontière présent en Islande

Je positionne les plaques tectoniques ainsi que la frontière et les stations selon l'énoncé.
Pour chaque station, je trace le déplacement longitudinal, latitudinal et par construction géométrique le vecteur total. D'après mon schéma, je conclus que les deux stations s'écartent au cours du temps. En Islande, la frontière est donc divergente : il s'agit d'une dorsale*.

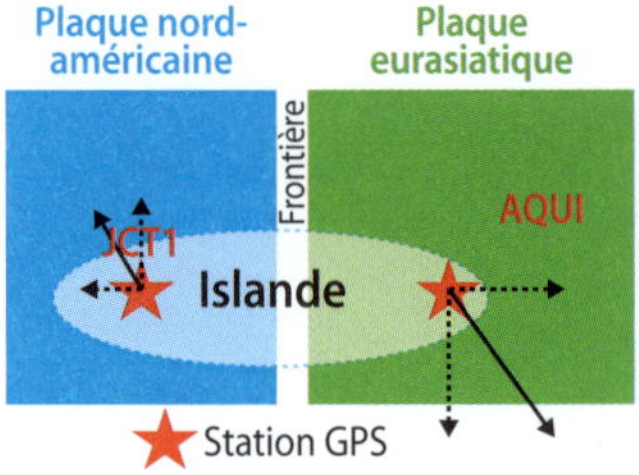

La dynamique de la Terre

FICHE 27

QUIZ-Mémorisation active

Questions	Réponses
Que délimite l'isotherme 1 300 °C ?	C'est la limite de température entre l'asthénosphère ductile* et chaude et la lithosphère* cassante et froide.
Quelles différences existe-t-il entre les péridotites de l'asthénosphère et celles de la lithosphère ?	Les péridotites de l'asthénosphère ont un comportement cassant à la contrainte (elles se rompent en cas de compression ou d'étirement). Les péridotites de la lithosphère ont un comportement ductile (elles se déforment, mais ne rompent pas).
Peut-on observer des séismes dans l'asthénosphère ?	Non car l'asthénosphère étant ductile, les roches ne se rompent pas. L'observation de séismes en profondeur indique la présence d'une lithosphère profonde et donc d'une subduction*.
Pourquoi peut-on dire que l'eau joue un rôle clé dans la disparition de la lithosphère océanique et dans la création de la lithosphère continentale ?	L'eau, en hydratant et en refroidissant la lithosphère océanique, contribue à l'augmentation de sa densité et donc à sa disparition par subduction. En zone de subduction, l'eau dégagée par le métamorphisme* de la plaque subduite hydrate les péridotites de la plaque chevauchante, qui fondent et forment un magma à l'origine de la lithosphère continentale.
Qu'est-ce que le métamorphisme ?	La transformation des roches à l'état solide, suite à des variations de pression et de température.

SCHÉMA-BILAN

Le moteur de la tectonique des plaques

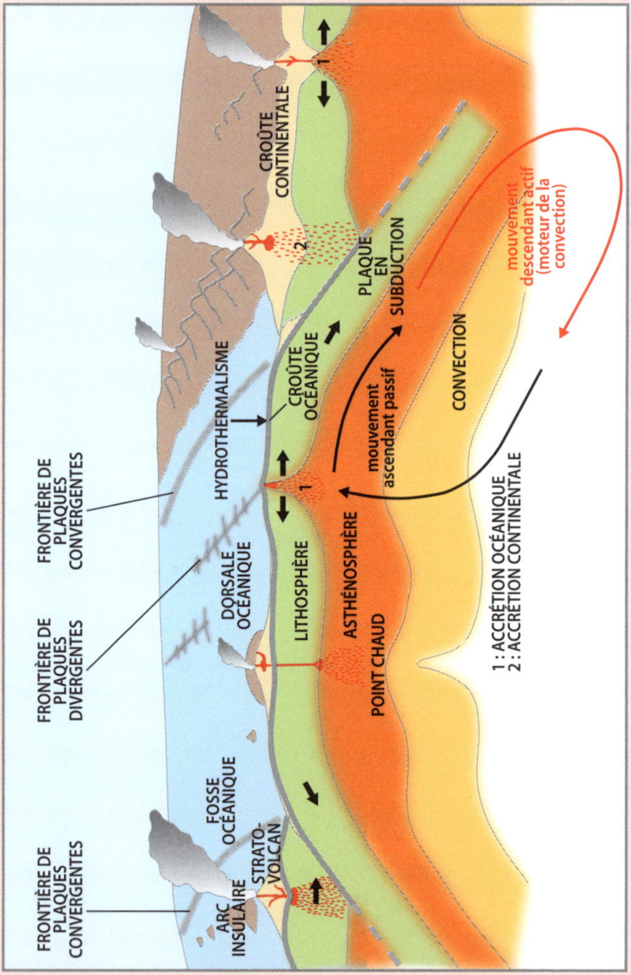

[Le] fonctionnement [d']un écosystème

Un écosystème* (du grec *oikos* « maison ») désigne l'ensemble des êtres vivants (**biocénose**) qui vivent dans un milieu déterminé (**biotope***). Le **biotope** se caractérise par des **conditions particulières** de température, d'ensoleillement, d'humidité, etc. : on parle de **facteurs abiotiques**. Ceux-ci conditionnent l'installation de la biocénose. Les différents êtres vivants, parfaitement adaptés à leur milieu de vie, interagissent alors entre eux : on parle d'**interactions biotiques**.

I Le biotope et son influence sur la répartition des êtres vivants

• Parmi les **facteurs abiotiques**, on peut distinguer des facteurs climatiques (humidité, ensoleillement, vent, etc.) et des facteurs liés à la nature du sol (composition chimique, texture...). Certains d'entre eux ont une **influence majeure** sur la répartition des êtres vivants, qu'ils soient présents en excès ou au contraire trop peu abondants : on parle de **facteurs limitants**.

• Sur les plages sableuses de l'Atlantique, la salinité, le vent, la pauvreté du sol en humus et en eau douce constituent des barrières majeures à la colonisation du milieu. Ainsi, au fur et à mesure que l'on s'éloigne du littoral, on distingue un **étagement** de la **végétation**.

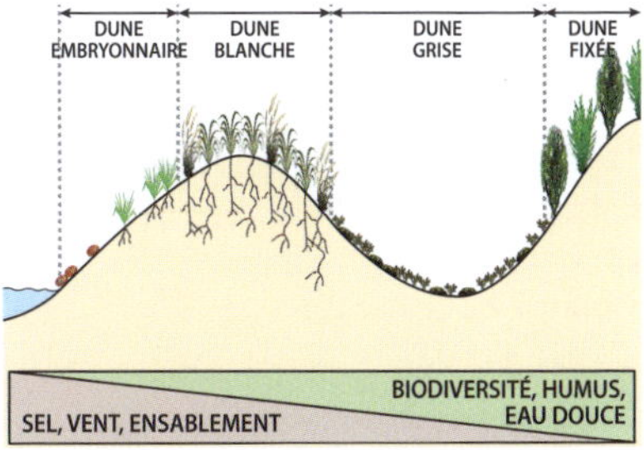

Étagement de la végétation

• Sur la **dune embryonnaire**, la végétation très éparse est exposée aux vents et aux embruns. On y trouve notamment du chiendent, une plante qui supporte le sel et dont le réseau racinaire très développé stabilise la dune. Cette dernière a une croissance rapide qui lui permet de résister à l'ensablement.

• La **dune blanche** est moins exposée aux embruns, mais les vents et l'ensablement restent fréquents. L'oyat est une plante emblématique de cet écosystème. Ses racines, qui peuvent atteindre jusqu'à 3 mètres de profondeur, lui permettent de fixer le sol et de puiser de l'eau douce dans la nappe phréatique. De plus, ses feuilles sont capables de s'enrouler en cas de sécheresse, limitant ainsi les pertes en eau.

- La **dune grise** est abritée des vents, mais possède un sol très pauvre en humus. Seuls les lichens ou les mousses, s'y développent. Adaptée aux épisodes de sécheresse, la *tortula ruralis* (mousse) entre en vie ralentie puis reverdit au moment des pluies : on parle de **reviviscence**.

- La **dune fixée** est un milieu peu contraignant, car relativement bien abrité du vent, de l'ensablement et des embruns. On y trouve des espèces buissonnantes comme le saule rampant, l'ajonc européen, les rosiers, etc.

II Les relations entre individus de la biocénose

La symbiose* est une association obligatoire à bénéfices réciproques pour les deux partenaires. En cas de coopération non obligatoire on parle de mutualisme.

- Dans un écosystème, les différents êtres vivants interagissent entre eux.

- Chaque espèce occupe une place déterminée dans ce réseau d'interactions : on parle de **niche écologique**.

Exemple : dans la dune embryonnaire, on trouve de nombreux arthropodes comme les puces de mer, les cloportes, les mouches Fucellia, qui décomposent les débris charriés par la mer (algues, bois, coquilles, etc.). Ils enrichissent ainsi le sol en éléments minéraux, aux bénéfices des plantes (chiendent, panicaut des dunes), et servent à leur tour de nourriture à certains oiseaux (mouette, goéland).

- Les interactions entre les êtres vivants sont très variées et peuvent se faire au **détriment** d'une espèce (**prédation, parasitisme***), ou être bénéfiques pour les deux partenaires (**mutualisme**, **symbiose**).

Exemple : le lichen de la dune grise résulte de l'association entre une algue et un champignon. Dans cette **symbiose**, le champignon apporte à l'algue un support, des sels minéraux et de l'eau douce, tandis que l'algue procure au champignon de la matière organique.

- Ces interactions constituent un moteur d'évolution des espèces. Certains végétaux ont acquis au cours de leur histoire des **adaptations** qui les protègent de l'herbivorie comme les **épines** de l'ajonc ou le **latex toxique** des euphorbes.

[L]es flux de matière et d'énergie [d]ans un écosystème

FICHE 29

Un être vivant est une entité capable de se **reproduire**, de produire l'**énergie** dont il a besoin et sa propre **matière** (**organique**) à partir des éléments du milieu. Ainsi, tous les êtres vivants sont des **producteurs** et réalisent avec leur environnement des **transferts d'énergie** et de **matière**. Suivant les écosystèmes*, la quantité de matière produite par la biocénose (**biomasse**) sera plus ou moins importante, et plus ou moins rapide : on parle de la **productivité** de l'écosystème.

On distingue la **matière organique**, qui constitue le vivant, de la **matière minérale**. Cette matière est très riche en atomes de carbone, d'hydrogène et d'oxygène.

I Les différents types de producteurs

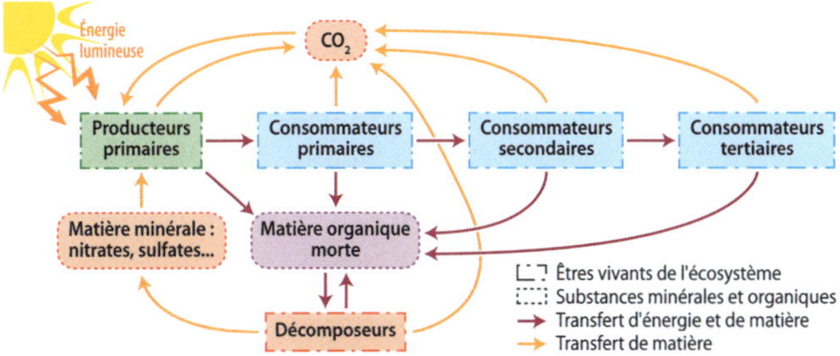

- Les différents êtres vivants n'exploitent pas les mêmes ressources du milieu pour produire leur matière et leur énergie.
- Les **producteurs primaires*** sont les seuls êtres vivants à pouvoir transformer la **matière minérale** en **matière organique**. Ils ont un rôle clé dans les écosystèmes, car ils permettent l'entrée d'**énergie** et de **matière organiques** dans l'écosystème. Parmi eux, on distingue les **végétaux chlorophylliens** (verts) qui utilisent comme source d'énergie la lumière du soleil.
- Les **consommateurs*** se nourrissent d'êtres vivants pour produire leur propre matière et l'énergie dont ils ont besoin. On distingue les **consommateurs primaires** (herbivores) qui mangent des producteurs primaires, des **consommateurs secondaires** (carnivores) qui mangent à leur tour les consommateurs primaires, etc.

• Les décomposeurs* sont des êtres vivants (microorganismes du sol) qui recyclent la matière organique morte (cadavres, végétaux morts) en matière minérale et en énergie : ils permettent ainsi d'enrichir le sol en matière minérale (minéralisation) dont se nourrissent les producteurs primaires.

II Les transferts d'énergie et de matière

• Chez les producteurs primaires, la conversion de l'énergie lumineuse est peu efficace. En effet, la majorité de l'énergie produite par photosynthèse est dissipée sous forme de chaleur ou utilisé pour l'évaporation de l'eau (permettant la circulation de la sève). Au total, moins de 2 % de l'énergie absorbée permet la production de matière organique. Par ailleurs, la moitié de cette matière sera dégradée pour produire l'énergie nécessaire à la plante, via la respiration.

• D'un écosystème à l'autre, on peut mesurer l'efficacité de la conversion de l'énergie lumineuse par deux facteurs :
– la production primaire brute, qui s'intéresse à la biomasse produite par les végétaux sans prendre en compte les pertes dues à la respiration ;
– la production primaire nette, qui ne considère que la matière organique investie dans la croissance du végétal et prend donc en considération les pertes de matière dues à la respiration.

• Les échanges de matière et d'énergie chez les consommateurs s'établissent lors des relations alimentaires et forment un réseau trophique.

• À chaque étage de ce réseau, la majeure partie de la matière consommée est perdue (environ 90 %) car elle est non assimilable, ou sert à produire de l'énergie.

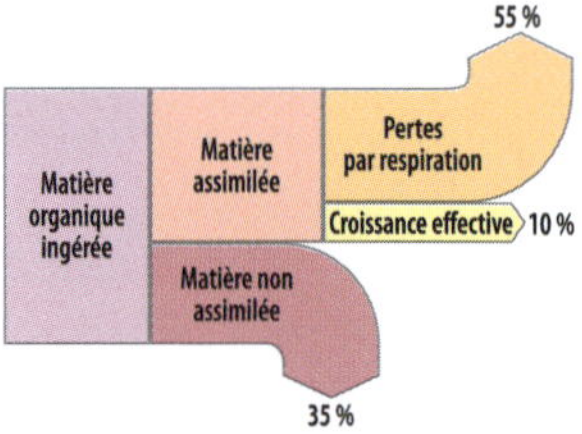

Les transferts de matière dans les réseaux trophiques

• Seulement 5 à 20 % de la matière organique est utilisée pour la croissance de l'étage suivant, ce qui explique que la représentation des biomasses au sein d'un écosystème a la forme d'une pyramide qui n'excède généralement pas 5 à 6 étages.

ycle géochimique du carbone t perturbations anthropiques

FICHE 30

La **matière organique** se caractérise par sa richesse en **carbone**. Cet atome est extrait de la **matière minérale** (CO_2) par l'action des **producteurs primaires***. Il existe donc des **flux de carbone organique** et **minéral** à l'échelle de la planète. L'ensemble de ces transferts, d'un réservoir à l'autre, constitue un **cycle géochimique**.

I Le cycle court du carbone

• Il existe **quatre** grands **réservoirs du carbone** : l'**atmosphère**, la **biosphère** (ensemble des êtres vivants), l'**hydrosphère** (ensemble des étendues d'eau) et la **lithosphère*** (→ *voir fiche 22*).

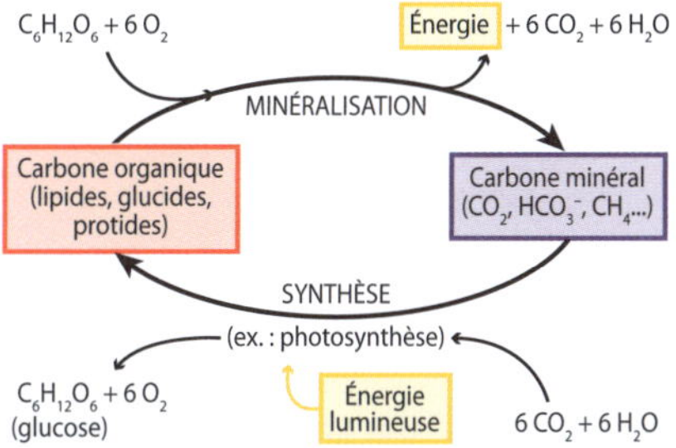

• Dans le cycle court du carbone, les transferts se font principalement entre la **biosphère** et l'**atmosphère** (en milieu continental), ou l'**hydrosphère** (en milieu océanique).

• Les **producteurs primaires** transforment le carbone minéral (CO_2) en carbone organique (lipides, glucides, protides) grâce à la **photosynthèse**.

• Les **producteurs secondaires** utilisent alors ce carbone organique et le convertissent en carbone minéral et en énergie via la **respiration** ou la **fermentation**. On parle de **minéralisation** du carbone. Le carbone est ici recyclé en **moins d'un siècle**.

II Le cycle long du carbone

• Si la majorité du carbone est recyclé dans un écosystème*, une petite quantité cependant **échappe** à ce recyclage.

Exemple 1 : une partie de la matière organique n'est pas dégradée par les décomposeurs* et **fossilise** sous forme de **roches carbonées** (pétrole, charbon).

Exemple 2 : l'**hydrosphère** et l'**atmosphère** sont en équilibre : une partie du **CO_2** atmosphérique se dissout dans les océans sous forme d'**ions hydrogénocarbonates HCO_3^-**. Ces ions sont utilisés par les organismes marins pour former leur **coquille** ou leur **squelette** ($CaCO_3$). À la mort de l'animal, ceux-ci tombent au fond des océans et participent à la formation de **roches carbonatées** (calcaires). Ces roches stockent le carbone jusqu'à être mobilisées lors de **mouvements tectoniques**. Elles peuvent être incorporées dans le magma formé en zone de subduction*. Arrivé en surface, la lave dégaze et libère son CO_2 dans l'atmosphère.

- Ces transfert de carbone, qui s'opèrent sur des millions d'années, mettent en jeu des **réservoirs très importants**.
- L'écosystème est donc un **système ouvert**.

III Perturbations anthropiques et réchauffement climatique

- Dans l'atmosphère, le CO_2 absorbe le rayonnement infrarouge provenant du sol et contribue à réchauffer la planète : on parle d'**effet de serre**. Sans effet de serre, la température moyenne de la Terre serait de – 15 °C.
- Depuis le XXe siècle, le développement des **activités anthropiques** (industrie, transport etc.) a conduit à une augmentation très importante des émissions de gaz à effet de serre.

Exemple : la concentration en CO_2 atmosphérique, stable depuis des millénaires, est passée de 280 ppm (particules par million) à plus de 400 ppm en 2016.

- Ces émissions sont en grande partie dues à la **combustion d'énergies fossiles** (roches carbonées), de **bois** et à la **déforestation** qui libèrent brusquement de grandes quantités de carbone accumulé sur de longues périodes.
- L'augmentation du carbone atmosphérique est responsable du **réchauffement climatique** global et de l'**acidification des océans** (par augmentation des ions HCO_3^-).
- Les activités anthropiques perturbent ainsi l'équilibre du cycle du carbone.

·erturbations des écosystèmes
· résilience

FICHE 31

Un **écosystème*** n'est pas figé dans le temps. Certaines **perturbations naturelles** peuvent conduire à une **modification** profonde de la **biocénose** comme des **modifications climatiques** (glaciations, incendies, ouragans), **géologiques** (séismes, glissements de terrain, érosion) ou encore **biologiques** (maladies, espèces invasives). La **résilience*** de l'écosystème désigne sa capacité à retourner à un état identique à celui antérieur à la perturbation.

Clements développa l'idée de successions écologiques en 1916 en observant les plantes qui repoussaient après le passage des charriots des pionniers dans les plaines du Nebraska

I Successions écologiques et climax

- La conquête d'un nouveau milieu se fait selon une **succession d'étapes**.
- Par exemple, un **incendie** dans une forêt européenne conduit à la formation d'une **trouée**. Des graines déjà présentes dans le sol, ou transportées par le vent, se mettent à germer. Les premières plantes à se développer dans le milieu sont appelées « **espèces pionnières** ». Il s'agit généralement d'herbacées qui ont un **cycle de vie très rapide** et qui sont capables de vivre dans des **conditions environnementales** très **variables** : on parle d'**espèces généralistes**. À ce stade, la **productivité** de l'écosystème est importante, mais la **biomasse** et la **biodiversité*** sont **faibles**.
- Puis, les **espèces pionnières** modifient leur environnement (enrichissent le sol en humus) et permettent ainsi l'installation de nouvelles espèces qui entrent en **concurrence**. Apparaissent des **espèces buissonnantes** formant des taillis qui laissent place à des **espèces arbustives** (pin, chêne, érable). La **compétition** pour la lumière devient rude et les herbacées intolérantes à l'ombre disparaissent. Les espèces présentes ont alors un **cycle de vie plus long** et occupent une **niche écologique spécifique** au sein de la biocénose : on parle d'**espèces spécialistes**.
- En quelques années, la forêt acquiert une **biocénose identique** à celle présente **avant la perturbation**. Le dernier stade de cette succession écologique est appelé **climax** et se caractérise par une biocénose relativement stable au cours du temps.

À ce stade, la **biodiversité** et la **biomasse** de l'écosystème sont **très importants**, mais la **productivité diminue**.

Successions écologiques secondaires après un incendie dans une forêt européenne

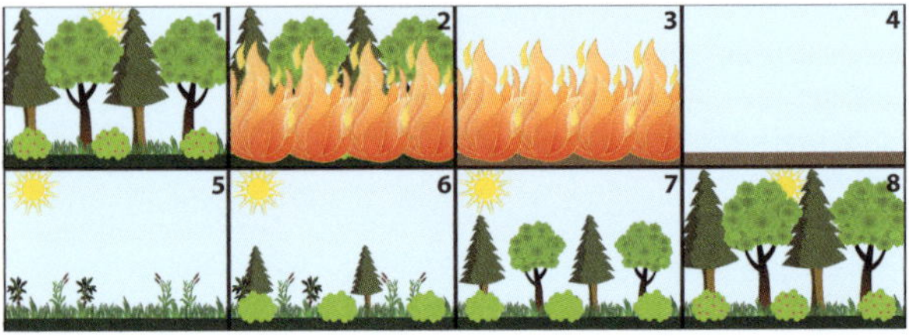

Source : Katelyn Murphy

1. Climax, 2. et 3. Incendie, 4. Apparition d'une trouée, 5. Apparition des espèces pionnières (herbacées), 6. et 7. stades transitoires, 8. Nouveau climax.

II Les facteurs qui influent sur la résilience d'un écosystème

- La capacité de résilience d'un écosystème dépend fortement de la **diversité de la biocénose** et de la **complexité des réseaux trophiques**.
- Plus la biodiversité d'un écosystème est importante et plus celui-ci peut supporter des perturbations jusqu'à un **certain seuil**. En effet, la **redondance des espèces** qui occupent une même fonction (ex. : les décomposeurs*), permet de remplacer les **niches écologiques devenues vides** par la disparition d'une espèce.
- L'**invasion biologique** d'un milieu dépend aussi de la **disponibilité des ressources** du milieu. Or, plus la biodiversité d'un écosystème est importante et plus la disponibilité en ressources diminue.

> **Exemples :** les îles comme celles d'Hawaii, plus pauvres en espèces que les continents, sont généralement plus **vulnérables à l'invasion d'espèces étrangères**. Les **monocultures** sont également plus vulnérables aux insectes nuisibles.

- Un **certain niveau de perturbations** permet de maintenir une **diversité maximale** au sein de l'écosystème. En effet, trop peu de perturbations défavorise l'installation d'**espèces opportunistes** (ex. : les herbacées qui se développent dans les trouées des forêts suite à la chute des arbres). À l'inverse, des perturbations trop fréquentes constituent une menace pour les **espèces spécialistes**.

humain en interaction avec les écosystèmes

FICHE 32

Au sein de la biocénose, les différentes espèces sont en interaction. Celles-ci peuvent être **nuisibles**, **neutres** ou **bénéfiques** pour les différents **partenaires**. L'humain, appartenant à la biocénose, est ainsi au cœur de nombreuses interactions.

Interactions	Espèce A	Espèce B
Symbiose	+	+
Mutualisme	+	+
Commensalisme	+	0
Domestication	+	+/– (espèce domestiquée)
Compétition	–	–
Prédation	+ (prédateur)	– (proie)
Parasitisme*	+ (parasite)	– (hôte)

0 : Les espèces ne sont pas affectées ; + : l'individu tire des avantages de cette interaction ; – : l'interaction est nuisible pour l'individu.

I Des interactions bénéfiques ou neutres

- La **symbiose*** est une association **obligatoire** qui profite aux deux partenaires.

Exemple : le **microbiote intestinal** humain contient des milliers de micro-organismes, comme la bactérie *Escherichia coli*. Logés dans nos intestins qui leur fournissent nourritures et abris, ces derniers participent à de nombreuses fonctions : stimulation du **système immunitaire**, **protection** contre les pathogènes*, **dégradation** des fibres alimentaires, **production** de vitamines et d'acides aminés… Un dérèglement du microbiote peut conduire à des troubles digestifs, des inflammations chroniques et à des maladies comme le diabète.

- L'association est à bénéfices réciproques, mais n'est pas **obligatoire**, on parle de **mutualisme**.

Au Mozambique, le temps pour trouver une ruche est raccourci de 60 % grâce à l'intervention du grand indicateur

Exemple : le grand indicateur, un oiseau du Mozambique, est connu pour guider l'humain vers les ruches sauvages. Très friand de cire et de larve d'abeille, cet oiseau craint toutefois les piqûres. Lorsqu'il repère un essaim, il peut alors appeler l'humain en émettant un chant très particulier, lancinant et répétitif, et profite des coups de machette de la récolte du miel pour se servir à son tour.

• Le **commensalisme** désigne une interaction qui profite à un des partenaires sans que l'autre n'en retire ni avantage ni inconvénient.

Exemple : sur les aires d'autoroute, certains moineaux profitent du capot chaud des voitures pour cuire des vers ou des insectes, les débarrassant ainsi de leurs parasites.

II Les interactions négatives pour un des partenaires

• Certaines interactions sont nuisibles pour un des partenaires.

• Lorsque deux individus entrent en conflit pour une même ressource ou un même habitat, on parle de **compétition**.

Exemples : en agriculture, les mauvaises herbes baissent les rendements en limitant le développement des cultures. En aquaculture, les annélides tubicoles (vers) occupent les collecteurs et empêchent l'installation des jeunes huîtres.

• La **prédation** désigne une interaction où une espèce se **nourrit au dépens de l'autre**. L'humain est le prédateur de nombreuses espèces, on dit qu'il est **polyphage**. Il occupe de nombreux niveaux trophiques au sein de l'écosystème* : consommateur* primaire, secondaire, tertiaire (→ *voir fiche 29*)…

• Par l'agriculture et l'élevage, l'humain a modifié les caractéristiques **génétiques et morphologiques** de certaines espèces pour qu'elles correspondent davantage à ses besoins. La **domestication** a ainsi conduit à l'apparition de nouvelles espèces comme le cochon issu du sanglier, le bœuf de l'auroch, le maïs de la téosinte…

• Le **parasitisme** est un cas particulier de prédation où l'interaction s'établit sur la durée.

Exemple 1 : les femelles du moustique *Culex pipiens* peuvent suivre pendant plusieurs jours un humain dont elles consomment le sang.

Exemple 2 : grâce aux fossiles, on sait que certains parasites de l'humain sont apparus il y a plusieurs milliers d'années et ont suivi les mouvements de populations, co-évoluant avec leur espèce hôte. En 2007, une analyse ADN a montré que Toutânkhamon était mort du paludisme : une maladie causée par le parasite *plasmodium*.

érosion de la biodiversité

FICHE 33

La **biodiversité*** désigne la **variabilité** des formes de vie présentes sur notre planète. Elle s'évalue à différentes échelles : celle de l'**écosystème***, de l'**espèce** et des **individus**. Cette biodiversité n'a cessé d'évoluer et les espèces d'aujourd'hui ne représentent que 1 % des formes de vie ayant existé depuis 3,8 milliards d'années. Actuellement, la biodiversité connaît la **sixième crise** de son histoire : 100 à 1 000 espèces disparaissent chaque année à cause des activités anthropiques.

> **La biodiversité** a connu cinq grandes périodes d'extinction appelées « crises ». La dernière, datant de 65 millions d'années, a conduit à la disparition de la plupart des dinosaures.

I Les actions directes de l'homme sur la biodiversité

• En 2018, la plateforme intergouvernementale sur la biodiversité et les services écosystémiques* (IPBES) a évalué que l'Europe consommait en moyenne 1,5 fois plus de ressources naturelles qu'elle ne pouvait en produire.

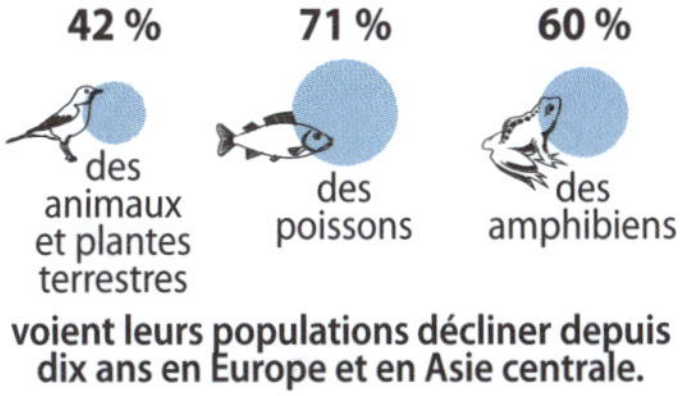

Sources : IPBES ; GLOBAL FOOTPRINT NETWORK, 2017.

• La **surexploitation des ressources**, qualifiée de « **déficit écologique** », que l'on observe également en Amérique du Nord, en Asie et en Afrique, est responsable de l'**érosion de la biodiversité**. Outre l'agriculture intensive, différentes pratiques sont en cause.

– La pêche intensive, qui a conduit en quelques décennies à la **chute de 90 % des populations mondiales de grands poissons**.

Exemple : en Terre-Neuve, au Canada, la pêche de la morue, enjeu économie majeur depuis le XVIe siècle, s'est intensifiée dans les années 1970. Les prises de poissons sont passées de 500 000 tonnes à plus de 800 000 tonnes. Cette surpêche a entraîné la chute catastrophique des stocks de morues dans les années 1980, conduisant à l'interdiction définitive de la pêche en 2003. Aujourd'hui, les bancs de morues ne sont toujours pas réapparus.

– **La chasse excessive et le braconnage** qui ont provoqué et provoquent encore la disparition de nombreuses espèces.

Exemples : c'est le cas du célèbre dodo de l'île Maurice (XVIIe siècle) et plus récemment du bouquetin des Pyrénées (2000), du rhinocéros noir d'Afrique (2011), de la tortue géante de Pinta (2012)... On estime que les **trafics d'espèces protégées**, en provenance du Tchad et du Cameroun et vendues pour leur ivoire ou pour leur viande, génèreraient chaque année plus de **17 milliards d'euros**.

II Les actions indirectes sur la biodiversité

• Des **actions anthropiques indirectes**, présentées ci-dessous, menacent également la biodiversité.

• La **destruction** ou la **fragmentation des habitats naturels**, pour l'agriculture ou l'urbanisation (lotissements, routes, parkings, etc.). On estime que chaque année 13 à 15 millions d'hectares de **forêts disparaissent ainsi**, soit le quart de la superficie de la France.

Exemple : l'exploitation de l'huile de palme et la déforestation qu'elle entraîne conduisent notamment à la disparition de 5 000 orangs-outans tous les ans. Selon l'Union internationale pour la conservation de la nature (UICN), entre 1950 et 2010, 60 % de ces primates ont disparu et, à ce rythme, cette espèce devrait s'éteindre d'ici 2025.

• L'introduction d'**espèces invasives** : certaines **espèces exotiques** introduites volontairement (chats, lapins) ou non (rats, serpents) par l'humain peuvent proliférer et menacer la survie d'**espèces autochtones**.

Une espèce endémique est une espèce qui n'existe que dans une région déterminée.

Exemple : l'introduction de la perche du Nil dans le lac Victoria, en Afrique, a conduit à une profonde modification de l'écosystème ainsi qu'à la disparition de plus de 200 espèces de cichlidés (poissons) **endémiques**.

• Le **changement climatique**.

Exemple : l'augmentation de température et l'acidification des océans provoquent le blanchiment et la mort des coraux, des animaux qui servent d'habitat pour près de 30 % de la biodiversité marine. Entre 2015 et 2016, la moitié des coraux de la grande barrière australienne ont ainsi disparu.

service écosystémique et la onétisation de la biodiversité

FICHE 34

En 2005, l'« **Évaluation des écosystèmes* pour le millénaire** », commandée par l'ONU, a montré que l'érosion de la biodiversité* avait des **conséquences** aussi bien **écologiques** qu'**économiques**. En effet, en 50 ans, les **services écosystémiques***, c'est-à-dire les **bénéfices** que tirent les humains des écosystèmes, ont diminué de 60 %. Or, ces derniers sont multiples, allant de la dépollution des sols à la production de textiles…

I Les services d'approvisionnement

- Il s'agit des **produits** tirés des écosystèmes comme la **nourriture**, les **textiles**, les **médicaments**, les **matériaux** de construction, les **combustibles**, les **pigments**, les **cosmétiques**, les **parfums**… Préserver la biodiversité permet d'entretenir un **réservoir de gènes** qui peut se révéler précieux pour ces productions.

Exemple 1 : la production de café constitue un enjeu agronomique majeur. Chaque jour, plus d'**un milliard de tasses** sont ainsi bues. Or, seulement deux espèces contribuent à cette production et elles sont **très sensibles aux parasites et aux maladies** telles que la rouille. Depuis 50 ans, le croisement avec des **caféiers sauvages** a permis d'**augmenter la résistance des variétés cultivées**.

Exemple 2 : les **archéobactéries** sont des micro-organismes capables de vivre dans des **conditions extrêmes**. Leur étude dans les geysers de Yellowstone a permis la mise au point de la **PCR** (→ *voir fiche 3*). Mais de tels écosystèmes sont rares, la plupart ayant été détruits pour la production d'eau chaude ou d'électricité.

- Aujourd'hui, plus de la **moitié des médicaments** consommés renferme au moins une **molécule d'origine naturelle**. L'acide acétylsalicylique, composé de l'aspirine (médicament le plus vendu au monde), est produit par le saule. De plus, de **nombreux antibiotiques*** viennent de micro-organismes, comme la **pénicilline** découverte par hasard par Flemming en 1928 (→ *voir fiche 41*).

II Les services de régulation

- Ces services sont plus **difficilement quantifiables**, car moins tangibles. Ils sont de nature très diverse.

• La **régulation du climat** : grâce à la photosynthèse, les végétaux contribuent à diminuer le **CO_2 atmosphérique** et participent au **cycle géochimique du carbone**. On estime ainsi que les forêts tropicales stockent près de **305 tonnes de carbone par hectare**.

• La protection contre l'**érosion** : en France, certaines forêts sur les flancs de montagne sont préservées depuis 1922, car elles limitent le **risque d'avalanche, de glissement de terrain, etc.**

D'après l'UICN, un hectare de forêt en plus permettrait de réduire de 15 € par an les dépenses d'eau potable de l'ensemble des ménages français.

• La **dépollution de l'eau** : les bactéries et les champignons des écosystèmes forestiers jouent un rôle majeur dans la **filtration des eaux**, en absorbant par exemple les **nitrates**.

Exemple : l'eau potable de New York provient à 90 % des Catskill Mountains. La gestion de cette région boisée permet une production d'eau 7 fois moins chère que ce que nécessiterait un traitement industriel.

• La **pollinisation** : de nombreux insectes, comme les abeilles, pollinisent les fleurs et permettent la production des fruits.

Exemple : en France, on estime que **72 % des espèces végétales** dans l'agriculture dépendent de ces insectes dont la disparition coûterait **2,9 milliards d'euros** par an.

III Les services socioculturels

• Les services socioculturels se rapportent à la **valeur esthétique**, **récréative**, **éducative**, **spirituelle**, etc. de la biodiversité.

Exemple : les forêts constituent des **lieux de promenades** et de **pratiques sportives**. Celle de Fontainebleau comptabilise davantage de visiteurs que la tour Eiffel ou le Musée du Louvre. Elle est également célèbre pour avoir été le foyer de l'**école de Barbizon** (peintres impressionnistes paysagistes du XIXe siècle).

• La nature peut également servir de modèle pour l'industrie : on parle de **biomimétisme**.

Exemple : les crochets du fruit de la bardane ont inspiré à George de Mestral l'invention du velcro (bandes de scratch) en 1948.

[P]rotéger les écosystèmes

Depuis 1970, 60 % des populations d'oiseaux, de poissons, de mammifères, d'amphibiens et de reptiles ont diminué. En 1992 à Rio, 168 pays ont signé la **convention sur la diversité biologique**, un traité les engageant à **préserver la biodiversité*** afin de permettre l'**exploitation durable** de ses ressources.

I Recenser la biodiversité pour mieux la protéger

- Comment protéger ce que l'on ne connaît pas ? Une des premières étapes pour la conservation de la biodiversité consiste à la **répertorier** et à suivre les **variations d'effectifs** des populations.

> **La Terre** contiendrait 8,7 millions d'espèces. Actuellement, 2 millions seulement ont été décrites.

- L'**Union internationale pour la conservation de la nature** (UICN) a établi dans ce but une **liste rouge des espèces menacées**. En 2018, celle-ci comprenait : 5 583 espèces sévèrement en danger, 8 455 en danger et 11 783 vulnérables.
- Les **sciences participatives** constituent un précieux outil : elles font appel aux volontaires qui recensent la **biodiversité ordinaire**.

> **Exemple :** le programme **Vigie Nature** du Muséum national d'histoire naturelle invite à répertorier les oiseaux, insectes, plantes sauvages, chauves-souris et escargots de la région. Lancé en 1989, il a permis de générer un nombre important de données sur une vaste zone.

II Agir pour sauvegarder la biodiversité

- L'une des façons les plus efficaces de préserver la biodiversité consiste à protéger l'environnement qui la contient. C'est le but des **réserves naturelles** et des **parcs nationaux**.

> **Exemples :** en 1861, la première réserve a été créée à Fontainebleau grâce au militantisme des **peintres impressionnistes** et 1 094 hectares ont été préservés. Le parc de Yellostown, créé en 1872, est le premier exemple d'une volonté de préservation de la nature pour des motifs écologiques.

• La biodiversité peut également être préservée *ex situ* : les plantes peuvent être conservées dans les **jardins botaniques** ou les **banques de graines**, les animaux dans les **parcs zoologiques** ou les **zoos**. Certaines espèces sauvages ont été sauvées grâce à ces **élevages**.

Exemple : en 1962, l'**oryx d'Arabie** n'existait plus que dans un **zoo de Phoenix**, aux États-Unis. Réintroduit dans les années 1980, la péninsule arabique compte aujourd'hui plus de 1000 individus à l'état sauvage. De la même façon, le cheval de **Prjevalski**, disparu de Mongolie, a été réintroduit avec succès en Chine, en France, en Espagne et en Ukraine.

• Toutefois, la réintroduction d'espèce est délicate, car souvent l'environnement d'origine, profondément altéré, ne répond plus aux besoins de l'espèce ou encore parce que **les causes de sa disparition** sont toujours présentes.

Exemple : en France, la réintroduction du **loup** ou de l'**ours des Pyrénées** ne semble pas efficace, en particulier à cause de l'hostilité de la population, du manque de zones protégées et de ressources, des accidents de voiture…

II Exploiter durablement les écosystèmes

• L'**ingénierie écologique** désigne l'ensemble des techniques qui visent à une exploitation plus respectueuse de l'environnement. Elle nécessite de comprendre l'**équilibre dynamique** des écosystèmes* (**écologie**).

L'exploitation durable peut passer par la recherche de nouvelles espèces (**bioprospection**) telles que le riz africain qui résiste mieux à la sécheresse et consomme moins d'eau que le riz asiatique.

• La **gestion durable des forêts**, créée dans les années 1990, encourage l'abandon des **futaies** constituées d'arbres de même âge et de même essence, au profit d'exploitations en mosaïque, plus proches des écosystèmes naturels et permettant une plus grande biodiversité.

• L'étude des forêts faiblement anthropisées, comme celle de Bialowieza en Pologne, a permis de comprendre l'**intérêt du bois mort** qui y est très abondant. Ce dernier sert en effet de refuge et de nourriture à 21 % de la faune forestière. Très longtemps négligés, les **insectes saproxyliques**, qui dépendent du bois mort, font désormais l'objet de nombreux programmes de préservation en Europe.

Exercice commenté pas à pas

Les transferts d'énergie

Sujet : Vérifier si l'écosystème* forestier ci-dessous respecte la loi de Lindeman.

En 1942, Raymond Lindeman détermine que dans un réseau trophique, seulement 5 à 20 % de l'énergie disponible est utilisé par le niveau suivant. Le reste de l'énergie est perdu, principalement par **respiration**. Cette **loi de Lindeman** est vraie dans de nombreux écosystèmes, mais il existe toutefois des exceptions.

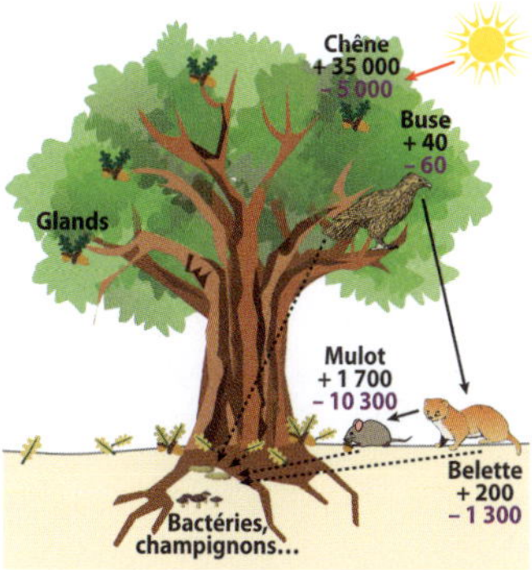

Réseau trophique simplifié d'un écosystème forestier

– Flèche en trait plein = « est mangé part »
– Flèche rouge = « photosynthèse »
– Flèche en pointillés = « décompose »
– + chiffre = production énergétique en kJ/m^2/an
– – chiffre = perte d'énergie liée à la respiration

Avant de commencer

► Qui sont les producteurs primaires* ? Les consommateurs* primaires ? secondaires ?

► Quel est leur rendement énergétique ?

Étape 1 : construire la pyramide énergétique de l'écosystème forestier

D'après le document, j'identifie les différents niveaux trophiques. Le chêne est un producteur primaire car il utilise l'énergie lumineuse pour son métabolisme.
Le mulot est un consommateur primaire (herbivore) car il mange les glands du chêne.
La belette est un consommateur secondaire (carnivore) car elle mange le mulot.
La buse est un consommateur tertiaire (carnivore) car elle mange la belette.
Les bactéries et les champignons sont des décomposeurs* car ils consomment de la matière organique morte issue des différents êtes vivants. Ils ne seront pas pris en compte dans la pyramide car le sujet ne fournit aucune donnée énergétique.

Je construis alors la pyramide des énergies :

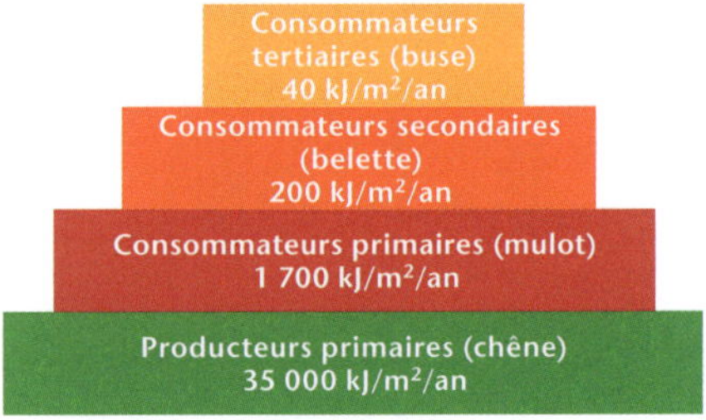

Pyramide des énergies (hors décomposeurs)

Étape 2 : calculer le rendement entre les différents niveaux trophiques

Le **rendement énergétique** permet de déterminer les transferts d'énergie d'un niveau à l'autre. Il consiste donc à comparer, pour un **niveau *n*,** l'énergie produite par rapport à celle du **niveau *n* – 1**.

Je calcule alors pour chaque niveau :

Niveau considéré	Calcul
Consommateur I	1 700 ÷ 35 000 × 100 = 5 %
Consommateur II	200 ÷ 1 700 × 100 = 12 %
Consommateur III	40 ÷ 200 × 100 = 20 %

Toutes ces valeurs sont comprises entre 5 et 20 %. La loi de Lindeman s'applique donc à cet écosystème forestier.

FICHE 37

L'écosystème forestier

QUIZ-Mémorisation active

Questions	Réponses
Qu'est-ce qu'un écosystème* ?	L'ensemble des êtres vivants (biocénose) qui vivent dans un milieu (biotope*).
Qu'est-ce qu'un producteur primaire ? Pourquoi dit-on qu'ils sont à la base des écosystèmes ?	Un producteur primaire est un être vivant capable de produire sa matière organique à partir de matière minérale (notamment par photosynthèse). Il permet ainsi l'entrée de matière organique et d'énergie dans l'écosystème et a donc un rôle clé dans l'écosystème.
Pourquoi la représentation des biomasses dans un réseau trophique a souvent la forme d'une pyramide ?	À chaque étage trophique, environ 90 % de la matière est perdue : une partie n'est pas assimilée par le consommateur* et l'autre est transformée en énergie. Ainsi la biomasse décroît à chaque étage.
Sous quelle(s) forme(s) est stocké le carbone dans la lithosphère* ?	Dans la lithosphère le carbone est stocké sous forme de roches carbonatées (calcaires), ou de roches carbonées (pétroles, charbon).
Qu'est-ce que le service écosystémique ? Citer quelques exemples.	Le service écosystémique désigne l'ensemble des bénéfices procurés à l'humain par l'écosystème. Par exemple : la dépollution des eaux, la fixation du carbone atmosphérique, la pollinisation, la production alimentaire, textile, etc.
Le héron garde-bœuf est un oiseau insectivore présent en Afrique. On le voit souvent sur les dos de grands mammifères (buffles, girafes…) qu'il débarrasse des parasites (tiques, mouches). Comment appelle-t-on l'interaction entre le bœuf et ce héron ?	Il s'agit d'une action coopérative non obligatoire : on voit « souvent » le héron sur le dos des mammifères mais pas toujours, il s'agit donc de mutualisme.

SCHÉMA-BILAN

Le cycle du carbone

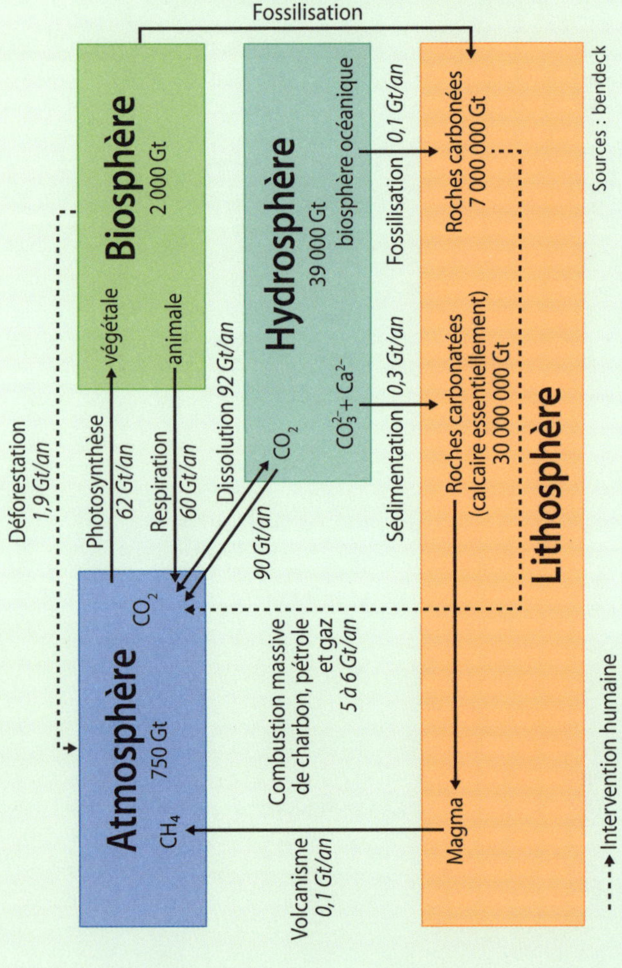

es maladies génétiques, exemple de la mucoviscidose

FICHE 38

Les mutations*, en altérant le fonctionnement de certains gènes, peuvent engendrer des dysfonctionnements de l'organisme à l'origine de **maladies génétiques**. Ces pathologies sont **héréditaires**. C'est le cas de la **mucoviscidose** (→ *voir fiche 8*), une maladie caractérisée par des troubles respiratoires et digestifs et qui affecte aujourd'hui 7 000 personnes en France.

I Déterminer le risque d'être malade

1. Du génotype au phénotype

- Chaque individu possède **deux copies d'un même gène**, l'une portée par le chromosome **maternel**, l'autre par le chromosome **paternel** (chromosomes homologues).

- Bien souvent, pour un même gène existent plusieurs versions (séquences) appelées **allèles***. Un individu peut avoir hérité du même allèle de ses deux parents : il est dit **homozygote** pour cet allèle. En revanche, s'il possède deux **allèles différents**, il est **hétérozygote**. Le phénotype* de l'individu est donc le produit de l'expression de ses différents allèles.

- Un allèle peut être **récessif** : il devra être présent en **deux exemplaires** (individu homozygote) pour s'exprimer. C'est le cas de la grande majorité des allèles mutés, responsables de maladies génétiques comme la mucoviscidose ou l'hémophilie. Seuls les individus **homozygotes** possédant l'allèle muté sont **malades**. En revanche, un individu **hétérozygote** ne sera pas atteint bien qu'il possède un allèle codant pour la maladie : c'est un **porteur sain**.

- Un allèle **dominant** s'exprime même s'il est présent en **un seul exemplaire**. Les individus homozygotes pour cet allèle et hétérozygotes seront donc malades. C'est le cas par exemple de la Chorée de Huntington, une maladie entraînant la dégénérescence du système nerveux.

2. La transmission de la maladie au cours des générations

En connaissant le génotype* (les allèles) des parents, on peut calculer la **probabilité** qu'un enfant développe la maladie.

Exemple : dans le cas de la mucoviscidose (maladie récessive) si les deux parents sont porteurs sains, cette probabilité est de 25 %.

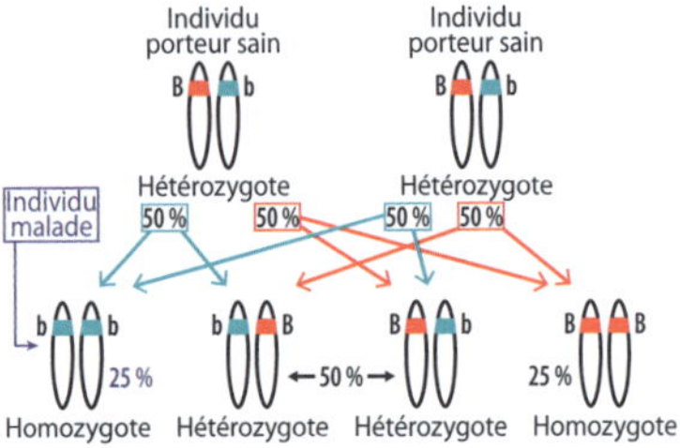

II Quel(s) traitement(s)

- Les **traitements curatifs** visent à guérir le malade. Beaucoup de maladies génétiques sont à l'heure actuelle incurables. La **thérapie génique** représente un bon espoir de guérison pour nombre d'entre elles. Cette technique consiste à remplacer dans les cellules du malade, l'allèle muté par un allèle sain. L'allèle est inséré grâce à un **vecteur**, généralement un virus modifié (ex. : le VIH), rendu préalablement inoffensif.

- Les **traitements palliatifs** visent à soulager le malade en atténuant ses symptômes. Dans le cas de la mucoviscidose, ils consistent à **fluidifier le mucus trop épais** et à faciliter son évacuation par la prise de vasodilatateurs, la prescription de massages par un kinésithérapeute, une hydratation régulière et un contrôle strict de l'alimentation, etc.

- Les **traitements préventifs** visent à empêcher le développement d'une maladie. Depuis 2002, un **dépistage systématique** de la mucoviscidose est réalisé chez tous les nourrissons. Une goutte de sang est prélevée au niveau du talon et le génotype est alors analysé. Ce **test génétique** permet une prise en charge au plus tôt des enfants malades, avant même la manifestation des premiers symptômes.

- Le diagnostic systématique de la mucoviscidose, combiné à des traitements palliatifs de plus en plus efficaces, a permis l'augmentation de l'espérance de vie chez les malades qui était de 7 ans en 1965, à plus 50 ans en 2018.

[L]e diabète de type II, [u]ne maladie plurifactorielle

FICHE 39

Le diabète désigne un ensemble de maladies qui se caractérisent par un **mauvais stockage du glucose**, principale source énergétique des cellules. Touchant 8,5 % de la population mondiale, le diabète de type II fait chaque année plus d'un million de morts : c'est la première **pandémie non infectieuse** de l'humanité.

I Facteurs aggravants et comportements à risques

Pour déterminer les causes d'une maladie, on réalise une étude **épidémiologique** : on regarde la **fréquence de la maladie** dans la population en fonction de différents paramètres.

1. Influence de l'âge

- Le pourcentage d'individus diabétiques double entre 35-49 ans et 50-64 ans, et double encore entre 50-64 ans et 65-74 ans.
- Le risque de développer un diabète de type II dépend de l'âge : en France, on considère qu'il est non négligeable à partir de 40-45 ans et on encourage la population à effectuer un dépistage.

Pourcentage d'individus diabétiques en fonction de l'âge et du sexe

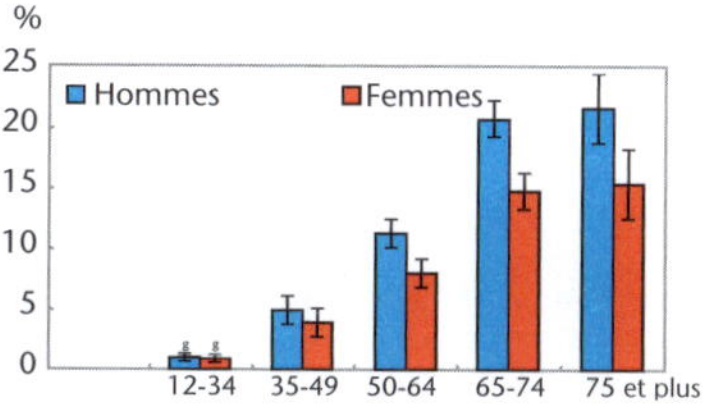

2. Influence du poids

- L'IMC, indice de masse corporelle, a une forte influence sur le développement du diabète.
- Par rapport à une population ayant un IMC « normal » (entre 20 et 25), le pourcentage d'individus diabétiques est 3 fois plus important chez les individus en surpoids, et 9 fois plus important chez les personnes atteintes d'obésité.

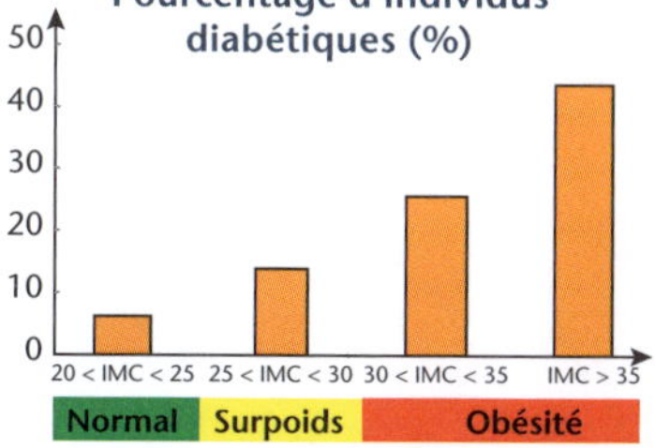

• Surpoids et obésité sont donc des facteurs aggravant le risque de diabète.

3. Influence du mode de vie

• Les Pimas sont un peuple originaire d'Asie qui ont migré il y a 30 000 ans vers le continent américain, peuplant le Mexique puis l'Arizona. Si les deux populations ont les mêmes gènes, il y a 5,4 fois plus d'individus diabétiques dans les populations d'Arizona que dans celles du Mexique. Or, les Pimas d'Arizona ont une activité physique 4 fois plus faible que leurs confrères, une alimentation plus calorique et plus riche en lipides.

• Le diabète de type II dépend, en partie du moins, du mode de vie des individus. On parle de **modes de vie** ou de **comportements à risques** face au diabète.

II Des gènes de prédisposition du diabète de type II ?

• Les études épidémiologiques permettent de déterminer si la maladie a une **origine génétique** et de calculer le **risque** de développer cette maladie en fonction de ses **antécédents familiaux**.

• L'étude des **vrais jumeaux** est particulièrement précieuse, car deux vrais jumeaux possèdent exactement le même **patrimoine génétique**. Si l'un d'entre eux seulement est touché par une maladie, on sait alors qu'elle n'est pas exclusivement d'origine génétique, auquel cas, les deux jumeaux seraient atteints. C'est le cas du **diabète de type II**.

• Le risque de diabète augmente de manière non négligeable suivant le contexte familial : il est de 25 % si un parent est touché, et 40 % si un frère ou une sœur est malade. Il y a donc un ou des gènes de prédisposition au diabète.

• Le diabète est une **maladie polygénique** (due à plusieurs gènes). De plus, le génome* n'est pas un déterminisme absolu, les modes de vie et le milieu interviennent également : c'est une maladie **plurifactorielle**.

FICHE 40

ancer et altération du génome*

Le cancer désigne un ensemble de maladies qui se caractérisent par la **prolifération incontrôlée** de certaines cellules, qui forment alors des **tumeurs**. Ces cellules perdent leur fonction initiale, ce qui peut engendrer de **graves dysfonctionnements** de l'organisme.

I Le phénotype* des cellules cancéreuses

• Les cellules cancéreuses sont des **cellules somatiques** qui, suite à une **mutation***, acquièrent un **cycle cellulaire*** très **rapide** et deviennent **immortelles**. Elles forment alors de **nombreux clones**, à l'origine de la tumeur, et accumulent à chaque cycle de **nombreuses mutations**. L'apparition d'une cellule cancéreuse et la formation de clones peuvent aboutir à un processus de cancérisation.

• Le cycle cellulaire est régulé par des protéines. Certaines, codées par des **oncogènes**, ont pour rôle d'**augmenter** la vitesse de division cellulaire tandis que d'autres, codées par des gènes dits « **suppresseurs de tumeur** », **ralentissent** cette division. Ainsi, une **surexpression des oncogènes** ou une **diminution** de l'expression des gènes **suppresseurs de tumeur** peut aboutir à une **prolifération cellulaire** et entraîner l'apparition de tumeurs cancéreuses.

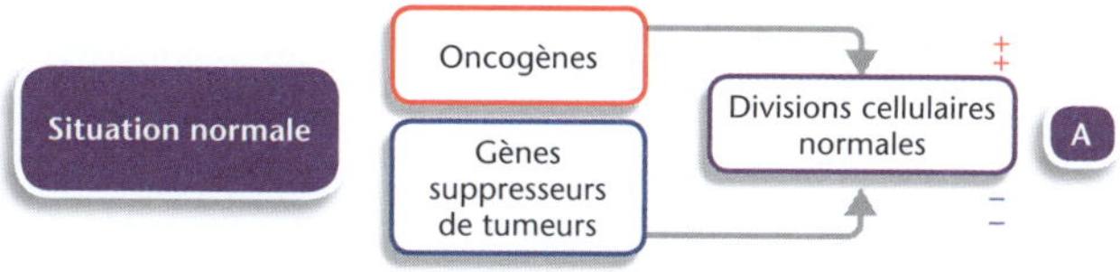

• Un cancer est donc une **maladie génétique,** mais **non héréditaire**. Cependant, il existe certains allèles* qui favorisent la survenue de cancer : on parle d'**allèles de prédisposition**.

II Facteurs mutagènes et prévention

La survenue des mutations que l'on observe dans les cellules cancéreuses peut être favorisée par différents facteurs environnementaux : on parle d'**agents mutagènes**. Ceux-ci peuvent être d'origine **physique** (ex. : UV), **chimique** (ex. : le tabac) ou **virale** (ex. : le papillomavirus).

1. Les UV et le mélanome

• Le **mélanome** désigne le **cancer de la peau**. Des études réalisées par le CIRC (Centre international de recherche sur le cancer) ont montré que l'exposition aux UV favorise l'apparition de **dimères de thymine**, des mutations qui déforment la molécule d'ADN et engendrent de nombreuses erreurs au cours de la **réplication**.

• Des **comportements préventifs** permettent de réduire drastiquement le risque de développement d'un mélanome comme : une exposition réduite au soleil, l'usage de crème solaire, etc.

2. Le tabac et le cancer des poumons

• Différentes études épidémiologiques, réalisées à partir des années 1950, ont permis d'établir un **lien direct** entre la **consommation de tabac** et le risque de **cancer des poumons**. Dans les années 1990, la notion de **tabagisme passif** apparaît : même involontaire, l'inhalation de fumée de cigarette augmente le risque de cancer.

> **1998, plusieurs États am**
> condamnent les grands
> cigarettiers à 250 milliards
> d'amende pour avoir cach
> délibérément et activeme
> cancérigène du tabac.

• Au début du XXIe siècle, de nombreux États entament des mesures préventives visant à **réduire l'exposition** à cet agent mutagène : interdiction de fumer dans les lieux publics, augmentation du prix du tabac, images chocs sur les paquets de cigarettes, etc.

3. Le papillomavirus et le cancer du col de l'utérus

• Certains **virus** peuvent favoriser la survenue de cancers. C'est le cas du **papillomavirus**, un virus transmis par voie sexuelle et qui colonise les cellules du **col de l'utérus**. L'insertion de l'**ADN viral** dans une cellule utérine peut provoquer l'inactivation de certains **gènes suppresseurs de tumeurs** et déclencher un processus de cancérisation.

> **Exemple :** en France, le **vaccin préventif** contre le papillomavirus (→ *voir fiche 51*) n'est pas obligatoire, mais il est fortement recommandé aux jeunes filles avant leur premier rapport sexuel. De plus, des **dépistages réguliers** sont réalisés tous les ans par les gynécologues pour vérifier qu'il n'y a pas de développement cancéreux.

• La connaissance des agents mutagènes permet de mettre en place des mesures préventives : protection vis-à-vis des agents mutagènes, vaccination, surveillance, etc.

Un antibiotique* est une molécule qui détruit ou bloque la croissance des bactéries (organismes unicellulaires). Découverte en **1928** par **Flemming**, la **pénicilline** est le premier à avoir été utilisé. On estime que son usage a permis l'augmentation de 10 ans de l'espérance de vie. Cependant, dès les années 1950, des bactéries résistantes à la pénicilline apparaissent. Aujourd'hui, cet antibiotique n'est pratiquement plus utilisé, car il est peu efficace.

I Un exemple de sélection naturelle

- Les **antibiotiques** sont des substances qui agissent **spécifiquement sur les bactéries**, sans affecter les cellules de notre corps. Ils ont pour cibles des **molécules bactériennes**, dont le dysfonctionnement entraîne la **mort** de la cellule ou l'arrêt de sa **division**.
- Dans certains cas, les protéines ciblées par le médicament peuvent être **mutées** ou **non accessibles**, l'antibiotique peut être détruit par les **enzymes*** de la bactérie ou encore activement **expulsé**. La bactérie est alors **insensible** à l'antibiotique : elle est résistante.
- Au sein d'une population bactérienne, l'acquisition de la résistance aux antibiotiques commence par l'**apparition spontanée** chez quelques bactéries d'une **mutation*** qui confère une **résistance**. La fréquence de ces mutations est faible et concerne généralement 1 bactérie sur 10^7 ou 10^9.
- Ayant une concurrence réduite les bactéries mutées se multiplient rapidement et transmettent leur résistance à leurs descendants. En quelques générations, la résistance se propage à l'ensemble de la population, on dit que la **mutation**, **avantageuse**, a été **sélectionnée**.
- La résistance aux antibiotiques est donc un exemple de sélection naturelle observable à l'échelle humaine. Ce processus est d'autant plus rapide que la vitesse de reproduction des bactéries est énorme.

Exemple : la bactérie de nos intestins, *Escherichia coli*, se reproduit en moins de 30 minutes.

• C'est l'utilisation d'**antibiotique** qui sélectionne les bactéries résistantes. Par conséquent, plus un milieu est **concentré en antibiotique** et plus la **propagation** de la **résistance bactérienne** est **rapide**.

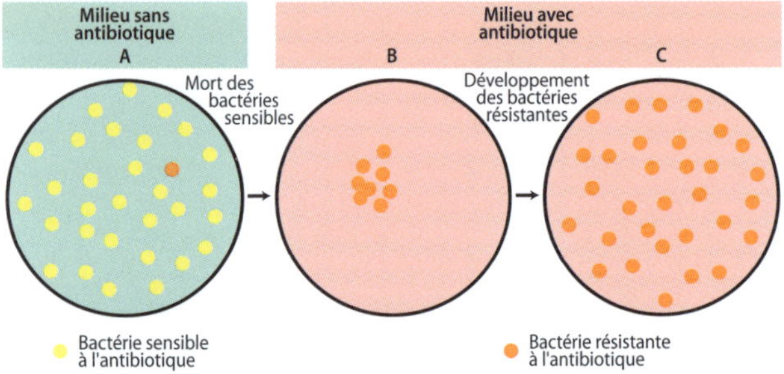

Le processus de résistance aux antibiotiques

II Un enjeu de santé publique

Le milieu hospitalier, grand consommateur d'antibiotiques, est un terrain propice à l'apparition de bactéries multirésistantes. Celles-ci entraînent des maladies nosocomiales, en augmentation depuis les années 1980.

• Depuis 20 ans, l'utilisation d'antibiotiques a conduit au développement de **bactéries résistantes**, voire **multirésistantes** (qui résistent à plusieurs antibiotiques), ce qui rend inefficace l'utilisation du médicament.

• Ces dernières années, la **découverte de nouveaux antibiotiques a chuté**, si bien qu'on estime qu'en 2050, la plupart des antibiotiques seront **inefficaces**, et que les bactéries résistantes entraîneront la mort de **10 millions d'individus dans le monde**. Certaines pratiques peuvent toutefois permettre de ralentir l'apparition de résistances, notamment :

– une **diminution** globale de la **consommation des antibiotiques** par les populations. En France, on estime que 30 % des prescriptions d'antibiotiques seraient évitables ;

– une **diminution** de l'utilisation d'antibiotiques comme traitements préventifs dans les élevages. Si cette pratique est interdite en Europe depuis 2006, elle reste très répandue ailleurs. Or, selon l'OMS (Organisation mondiale de la santé), son arrêt conduirait à une diminution de **40 % du nombre de bactéries résistantes**.

Exercice commenté pas à pas

Étude génétique

Sujet : À partir d'une analyse génétique rigoureuse, déterminer la probabilité que l'enfant III. 4 soit atteint ou non de MDD.

La myopathie de Duchenne (MDD) est une maladie qui se caractérise par une dégénérescence des muscles qui conduit à la paralysie progressive du malade vers l'âge de 10 ans. Un couple, Monsieur et Madame X, souhaite savoir si leur dernier enfant, âgé de 3 ans, développera cette maladie.

Arbre généalogique de M. et Mme X

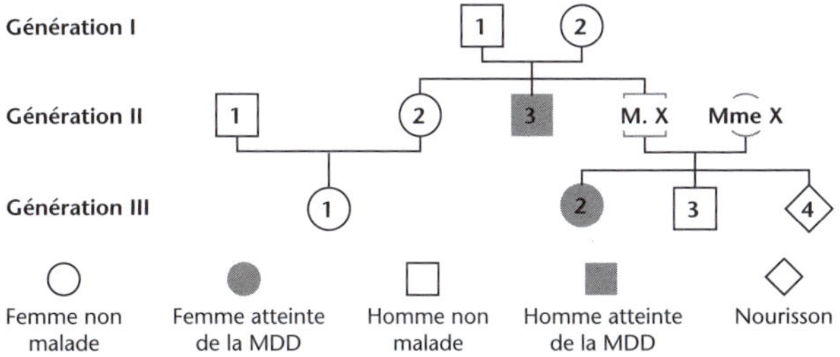

Avant de commencer

- La maladie est-elle récessive ou dominante ?
- Quels sont les génotypes* probables de M. et Mme X ? De l'individu III. 4 ?

Étape 1 : déterminer les caractéristiques génétiques de la maladie et le génotype des parents

– Dans la famille X, la MDD affecte **plusieurs générations (II. 3, III. 2**). On peut supposer qu'il s'agit d'une **maladie héréditaire**.
– Il s'agit à présent de déterminer si l'allèle* de la MDD est dominant ou récessif. M. et Mme X ont un enfant (III. 2) malade, ils ont donc transmis la maladie, mais sans en être affectés. Ils sont donc **hétérozygotes**. L'allèle codant pour la MDD est **récessif** (on écrira par la suite m) et l'allèle sain (S) est **dominant**.

– M. et Mme X sont des porteurs sains de la MDD, ils sont hétérozygotes de génotype (m//S).

Remarque

Le génotype s'écrit entre parenthèses et les deux allèles sont séparés par une double barre, ex. : (A//a). L'allèle dominant est écrit en majuscule et l'allèle récessif en minuscule.

→ Étape 2 : déterminer les génotypes possibles de l'individu III. 4

À l'aide du tableau de croisement ci-dessous, je déduis qu'il y a :
– 1 risque sur 4 (25 %) pour que cet enfant développe des symptômes de la MDD en grandissant.
– 3 chances sur 4 (75 %) pour qu'il ne la développe pas.

M. X \ MmeX	S /	m /
S /	(S // S) Individu malade 25 %	(S // m) Individu porteur sain 25 %
m /	(S // m) Individu porteur sain 25 %	(m // m) Individu sain 25 %

Tableau de croisement représentant les génotypes possibles des enfants de M. et Mme X

On ne peut pas répondre à la question de M. et Mme X avec certitude. Il faudrait effectuer un dépistage pour connaître plus précisément le génotype de l'individu III. 4.

Dominance ou récessivité d'un allèle ?

FICHE 43

QUIZ-Mémorisation active

Questions	Réponses
Qu'appelle-t-on un agent mutagène ? Donner un exemple.	C'est un agent qui favorise l'apparition de mutations*. Les UV, le tabac, le papillomavirus sont des exemples d'agents mutagènes.
Qu'est-ce qu'un traitement préventif ? Donner un exemple.	Un traitement préventif est un traitement qui vise à empêcher le développement d'une maladie. Ex. : la vaccination, le dépistage systématique, la réduction de l'exposition aux agents mutagènes…
Dans le cas d'une maladie dominante, comme la maladie de Huntington, quel sera le génotype* d'un individu malade ?	Si la maladie est dominante, il suffit que l'individu possède un allèle pour être malade. Il pourra donc être de phénotype hétérozygote ou homozygote* (il aura alors deux copies de l'allèle* malade).
Pourquoi dit-on que le diabète de type 2 est une maladie plurifactorielle ?	C'est une maladie plurifactorielle car elle peut être engendrée par plusieurs facteurs : l'âge, l'activité physique, l'alimentation, des allèles de prédisposition, l'IMC, etc.
Expliquer ce slogan utilisé en 2010 dans une campagne de prévention : « Les antibiotiques* utilisés à tort, ils deviendront moins forts. »	Les antibiotiques favorisent l'apparition de bactéries résistantes contre lesquelles le médicament est inefficace. Cette campagne vise donc à limiter la consommation d'antibiotiques afin de préserver le plus longtemps possible leur efficacité.
Un antibiotique est-il efficace contre un virus ?	Non, car les antibiotiques n'agissent que sur les bactéries (des cellules procaryotes). Pour les virus (qui ne sont pas des cellules), on utilise des antiviraux.

Questions

À l'aide du document ci-dessous, critiquer le titre de cet article paru en 2013 : « Le gène de la schizophrénie identifié ».

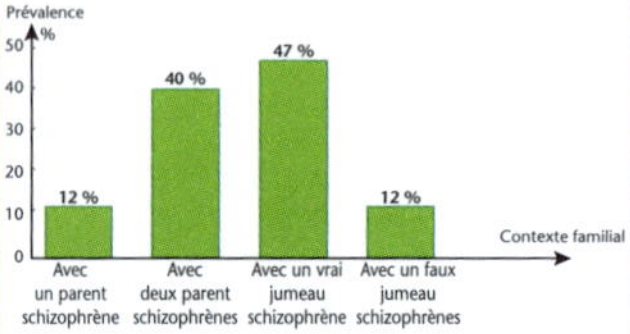

Réponses

L'article sous-entend que la schizophrénie est une maladie génétique (plus précisément monogénique). Or, d'après le document, on constate que si un individu a un vrai jumeau schizophrène, il aura un risque de 47 % de développer la maladie. Or, ces deux individus ont le même patrimoine génétique. La maladie n'a donc pas une origine uniquement génétique.

SCHÉMA-BILAN

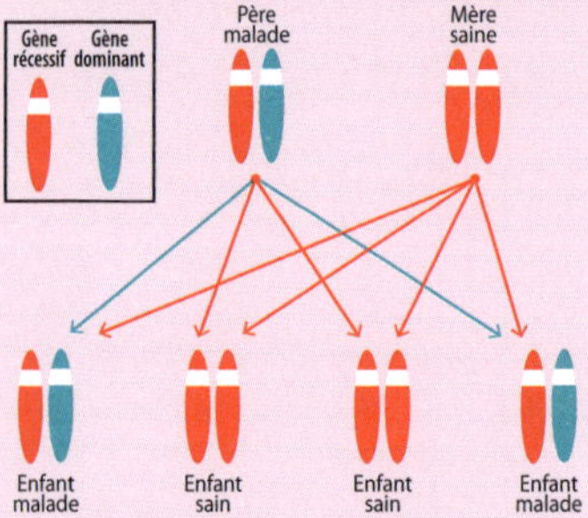

Cas d'un allèle dominant

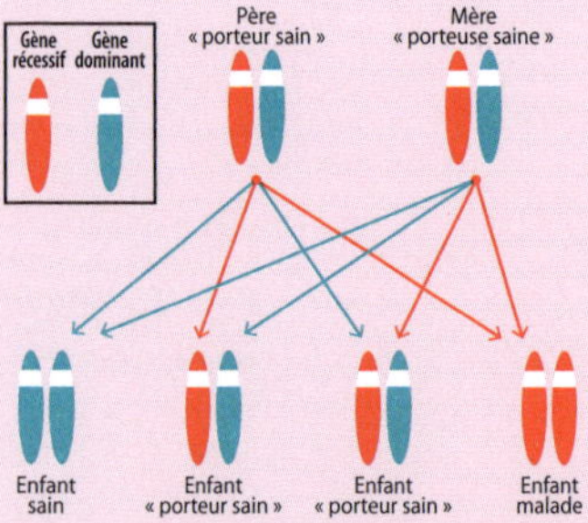

Cas d'un allèle récessif

e système immunitaire humain

Le **système immunitaire** désigne l'ensemble des organes, des cellules et des molécules qui assurent la **défense de l'organisme** contre tous les événements qui pourraient nuire à sa santé. Tous les êtres vivants possèdent des systèmes de défense, adaptés à leurs caractéristiques et à leurs besoins.

Les cellules immunitaires sont appelées les leucocytes ou les **globules blancs**.

I Face aux agents infectieux, deux stratégies immunitaires

1. Différents types d'agents pathogènes

- L'environnement regorge de micro-organismes dont certains peuvent être nocifs pour notre organisme : ce sont des **pathogènes*** (ou agents infectieux). Parmi eux, on distingue :
– les **virus** (ex. : le VIH ou le virus de la grippe). Considérés comme non vivants, ces micro-organismes sont incapables de se reproduire seuls et doivent pour cela pénétrer une cellule hôte, dont ils modifient l'information génétique. La cellule hôte perd sa fonction initiale et produit d'autres virus ;
– les **bactéries** (ex. : *Escherichia coli*). Beaucoup plus grosses qu'un virus, ce sont des êtres vivants unicellulaires qui vivent à proximité de nos cellules. Elles modifient l'environnement selon leurs besoins, ce qui peut nuire à nos propres cellules.

- Le corps humain possède des barrières naturelles (ex. : la peau) étanches à l'entrée de ces micro-organismes. Mais quand ces barrières sont rompues (suite à une lésion, une brûlure), ils pénètrent l'organisme : c'est la **contamination**. Ils s'y multiplient rapidement, conduisant à l'**infection**.

2. La reconnaissance des pathogènes par les leucocytes

- Pour être efficace, le système immunitaire doit être capable de discerner les **cellules appartenant à l'organisme** (les **cellules du soi**), des bactéries ou encore des cellules infectées par un virus. Cette reconnaissance cellulaire implique un jeu de **protéines membranaires** : une molécule appartenant au pathogène, **l'antigène***, est reconnue par un récepteur situé sur la membrane de **la cellule immunitaire** (**leucocyte**).

• Dans le corps, deux stratégies immunitaires existent :
– certaines cellules reconnaissent des antigènes (PAMP) très répandus parmi les micro-organismes, grâce à des récepteurs PRR. Ce sont les cellules sentinelles* qui circulent en permanence dans le corps. Suite à cette rencontre, elles déclenchent une réponse immunitaire peu spécifique, mais très rapide : c'est l'immunité innée* (→ *voir fiche 45*).

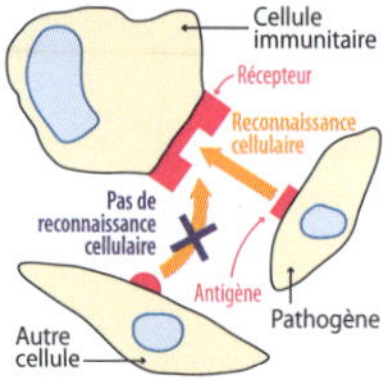

La reconnaissance cellulaire

– d'autres cellules, comme les lymphocytes* B, sont capables de reconnaître un antigène spécifique à un pathogène précis et d'y apporter une réponse adaptée. Cette réponse immunitaire est alors très efficace, mais plus lente à se mettre en place : on parle d'immunité adaptative* (→ *voir fiches 46-47*).

II La production de leucocytes

• Les leucocytes sont produits dans les organes lymphoïdes primaires : la moelle rouge des os longs. Les lymphocytes (cellules de l'immunité adaptative) sont ensuite stockés dans les organes lymphoïdes secondaires (ganglion, amygdales…), où ils entrent en dormance (vie ralentie), en attendant la rencontre avec un pathogène. Ces organes sont principalement situés dans des lieux où la pénétration de micro-organismes est plus fréquente, c'est-à-dire autour de l'appareil digestif (bouche, intestins, rectum).

• Les différents organes lymphoïdes communiquent entre eux grâce à des vaisseaux lymphatiques. Ces vaisseaux ont la particularité de drainer le liquide (la lymphe) dans lequel baignent toutes les cellules de notre corps. Le système lymphatique rejoint ensuite la circulation sanguine et permet au système immunitaire de rayonner dans tout l'organisme.

• Ce dernier point est important car certains leucocytes peuvent émettre des signaux chimiques (les interleukines*) qui peuvent avoir pour cible des cellules immunitaires très éloignées.

Interleukines : protéines impliquées dans la communication entre les cellules immunitaires.

Exemple : en cas de rencontre avec un pathogène, les cellules sentinelles (immunité innée) vont émettre des protéines qui recruteront des cellules effectrices présentes dans tout l'organisme.

a réaction inflammatoire, ne réaction immunitaire innée

FICHE 45

Le **système immunitaire inné** permet la mise en place de la réaction inflammatoire aiguë (RIA). La **RIA** ne nécessite pas d'apprentissage préalable, elle est **génétiquement héritée** et est présente dès la **naissance**. Très répandue dans le vivant, elle existe chez tous les **animaux**. La conservation de ses mécanismes depuis leur apparition, il y a 800 millions d'années, témoigne de son efficacité.

I Le déclenchement de la RIA

1. La reconnaissance des pathogènes

- Au sein des tissus, certaines cellules se déplacent en permanence afin de détecter les pathogènes* : ce sont les cellules sentinelles* (les cellules dendritiques, monocytes).

- Lors de l'entrée d'un pathogène ces cellules se fixent à lui grâce à des récepteurs PRR présents sur leur membrane. Ces récepteurs reconnaissent la plupart des pathogènes de façon **non spécifique**. Cette reconnaissance déclenche la **sécrétion de médiateurs de l'inflammation** qui vont engendrer une cascade de réactions.

2. La production de médiateurs chimiques et les symptômes de la RIA

- Les médiateurs de l'inflammation constituent des **messages chimiques** qui permettent la **communication** entre les cellules de l'immunité et recrutent des **cellules effectrices** (granulocytes, monocytes) qui migrent depuis les vaisseaux sanguins et détruisent les **pathogènes**. Parmi eux, on distingue :
– le **TNF** qui permet aux granulocytes et aux monocytes de s'accrocher à la paroi des vaisseaux sanguins au niveau de la zone enflammée ;
– l'**histamine** qui augmente la **perméabilité** de la paroi des vaisseaux sanguins (vasodilatation), facilitant le passage des granulocytes et des monocytes. Sous l'afflux de sang, la zone enflammée **rougit** et **gonfle** ;
– les **prostaglandines** qui activent les **récepteurs de la douleur**, ce qui permet d'alerter l'organisme.

- La RIA est une réaction stéréotypée qui fait toujours intervenir les quatre mêmes symptômes : douleur, rougeur, chaleur et gonflement.

3. La phagocytose et l'élimination des pathogènes

Une fois arrivés sur le site de l'inflammation, les monocytes se différencient en macrophages. Macrophages et granulocytes éliminent alors les agents infectieux par phagocytose.

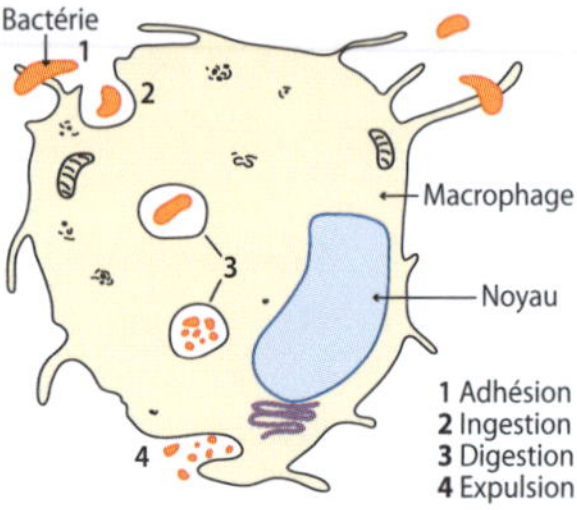

Les étapes de la phagocytose

II L'arrêt de la RIA ou le déclenchement de la réponse immunitaire adaptative

- La RIA s'arrête spontanément après destruction des pathogènes et le processus de cicatrisation se déclenche. Si toutefois l'infection persiste, la réaction innée déclenche une seconde ligne de défense : la réaction immunitaire adaptative. En effet, des cellules phagocytaires (souvent des cellules dendritiques) sont capables d'exprimer à leur surface des résidus des pathogènes digérés. Ces cellules quittent alors le sang et vont dans les organes lymphoïdes secondaires présenter ces molécules aux cellules de la réponse immunitaire adaptative. On parle de cellules présentatrices d'antigènes (CPA).

- La prise de médicaments anti-inflammatoires (ex. : l'aspirine), permet de réduire l'inflammation en diminuant la production de médiateurs chimiques. Ils agissent généralement en bloquant l'activité des enzymes* qui en contrôle la production. Parmi ces médicaments, on distingue les antalgiques (ou analgésiques) qui diminuent la production de prostaglandines et réduisent ainsi le symptôme de la douleur.

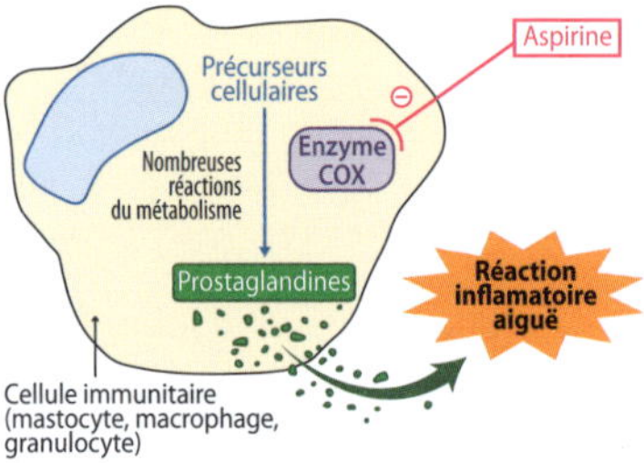

Schéma du mode d'action de l'aspirine

es lymphocytes B ans la réponse adaptative

FICHE 46

L'immunité innée* peut se révéler insuffisante dans l'éradication d'un pathogène*. Le système immunitaire apporte alors une **réponse plus tardive** à cette agression : il s'agit de l'**immunité adaptative***, propre aux vertébrés. Cette immunité très efficace permet l'**identification spécifique** de l'agent extérieur. Elle fait intervenir deux catégories de cellules : les **lymphocytes* B** et **T**.

I L'activation des lymphocytes B

1. Caractéristiques cellulaires des lymphocytes B

- Les lymphocytes B (LB) sont capables de reconnaître les **antigènes*** « **natifs** », c'est-à-dire présents à la surface des **virus**. Cette reconnaissance implique des **anticorps* membranaires**, situés sur la surface des lymphocytes B, appelés les **BCR**.

- Un même lymphocyte B possède des BCR identiques et ne peut, par conséquent, reconnaître qu'**un seul type d'antigène viral**. Il est **spécifique** à un virus.

2. Production d'anticorps

- Les **anticorps circulant** dans le sang sont produits par les lymphocytes B activés, appelés **plasmocytes**. Cette activation se déroule dans les **organes lymphoïdes secondaires**, en trois étapes :
– la phase de **sélection**. Le virus est reconnu par les lymphocytes B qui lui sont **spécifiques**. Ces derniers, peu nombreux, passent d'un état dit « naïf » à un état « activé » ;
– la phase d'**amplification** (ou **expansion**). Les lymphocytes B activés se divisent par mitose*, produisant une quantité importante de **clones cellulaires**. Cette phase permet d'accroître le nombre de cellules effectrices de l'immunité humorale. Elle est contrôlée par des **cytokines**, notamment l'interleukine* 2 produite par des lymphocytes auxiliaires (→ *voir fiche 47*) ;
– les lymphocytes ainsi produits se différencient en deux types de cellules : les **plasmocytes** et les **cellules mémoires**, c'est la **phase de différenciation**.
– Les **plasmocytes** produisent massivement des anticorps qu'ils libèrent dans la lymphe ou dans le sang. Ces anticorps sont capables de reconnaître les **mêmes antigènes** que les BCR de la cellule. Les **lymphocytes mémoires** restent en dormance, mais seront très rapi-

dement activés lors d'une seconde rencontre avec le pathogène (→ *voir fiche 50*).

- Les phases de **sélection**, **amplification** et **différenciation clonale** sont assez lentes à se mettre en place, ce qui explique le délai de la réponse immunitaire adaptative (plusieurs jours).

II Les anticorps, des molécules clés de la réponse humorale

1. La structure des anticorps

- Les anticorps sont des **protéines symétriques**, en forme de Y, constitués de deux **chaînes légères** identiques et de deux **chaînes lourdes** identiques.

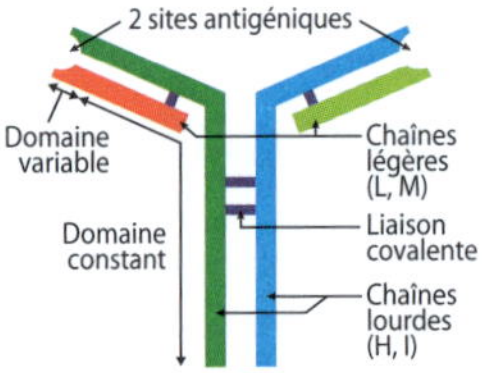

Structure d'un anticorps

- Une partie de leurs séquences, située à l'extrémité des « bras » du Y, diffère d'un anticorps à l'autre et forme la **partie variable**. La base du Y, formée uniquement des deux chaînes lourdes, est la même d'un anticorps à l'autre : c'est la **partie constante**.

- La reconnaissance de l'antigène se fait avec la **partie variable** d'une chaîne lourde et d'une **chaîne légère** qui forment ensemble un **site antigénique**.

2. La formation de complexes immuns

- Lors de la réaction humorale, les anticorps viennent se **fixer** aux **antigènes viraux**. Grâce à leurs **deux sites de fixation**, ces molécules peuvent se lier à deux pathogènes en même temps et contribuer ainsi à la formation de très gros assemblages d'anticorps-antigènes : on parle alors de **complexes immuns**. La formation de ces complexes permet :
– d'**immobiliser les pathogènes** et donc d'empêcher la pénétration du virus dans les cellules du corps. La réaction humorale s'attaque ainsi aux formes circulantes des virus ;
– de **recruter** des **macrophages** : ces cellules de l'**immunité innée** reconnaissent la **partie constante** des anticorps et **phagocytent** les complexes immuns, ce qui élimine donc les **virus**. Il y a donc une **coopération** entre les cellules de la RIA et les auteurs de la **réaction adaptative**.

> **On dit qu'un individu est séropositif** à un virus (ou à une bactérie) s'il présente dans son sang des anticorps dirigés contre ce pathogène.

Le rôle des LT dans la réponse immunitaire adaptative

FICHE 47

La **réaction humorale** permet d'éliminer les **virus circulants**. Toutefois, certains virus pénètrent dans des **cellules du corps** et échappent aux **anticorps***. Leur élimination requiert d'autres cellules : les **lymphocytes* T** (LT).

I Les lymphocytes T et la réponse cellulaire

• Les LT sont des lymphocytes possédant un **récepteur membranaire particulier : le TCR**. À la différence des lymphocytes B, les lymphocytes T reconnaissent des **antigènes* « digérés »** et présentés par un **CMH** (complexe majeur d'histocompatibilité).

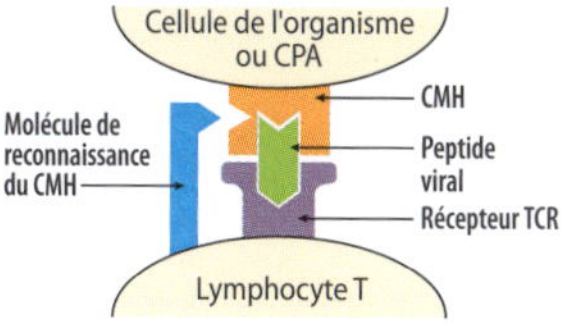

Les deux types de lymphocytes T

• On retrouve ce CMH chez les **CPA** (→ *voir fiche 45*) et sur **toutes les cellules** de notre corps. En temps normal, nos cellules présentent sur leur CMH des antigènes du soi, qui ne déclenchent pas de réponse immunitaire. Mais en cas d'infection par un virus, elles expriment des **antigènes anormaux**, qui sont détectés par les TCR.

• La reconnaissance de l'antigène par un TCR est **spécifique** : un lymphocyte T ne pourra reconnaître qu'un seul type d'antigènes. Cette reconnaissance dans les organes lymphoïdes secondaires entraîne :
– une phase d'**amplification**. Le nombre de lymphocytes T spécifiques au pathogène* reconnu augmente par mitose* ;
– une phase de **différenciation**. On distingue deux types de lymphocytes T : les **LT4** et les **LT8**. Les LT4 se différencient en **cellules mémoires** et en **lymphocytes auxiliaires**. Les LT8 se différencient en **cellules mémoires** et en **lymphocytes cytotoxiques**.

II Le rôle des lymphocytes cytotoxiques

Ces lymphocytes reconnaissent des **cellules infectées** qui présentent sur leur CMH un **antigène anormal** et émettent des molécules, les **perforines**. Celles-ci s'intègrent à la membrane de la cellule infectée et forment des **canaux** à eau : la **cellule gonfle** jusqu'à éclater. On parle d'immunité à **médiation cellulaire**.

III Les lymphocytes auxiliaires

Expérience : en 1966, afin d'étudier le rôle des différents lymphocytes, **Claman** expose à la naissance des souris aux rayons X. Les souris obtenues sont totalement **dépourvues de lymphocytes**. Le chercheur leur injecte alors des lymphocytes T, B ou les deux, ainsi que des cellules de mouton (GRM) qui stimulent normalement la production d'anticorps.
Claman se rend alors que seules les souris qui ont reçu des lymphocytes B et T peuvent produire des anticorps. Il met en évidence la **coopération cellulaire** entre lymphocytes B et T.

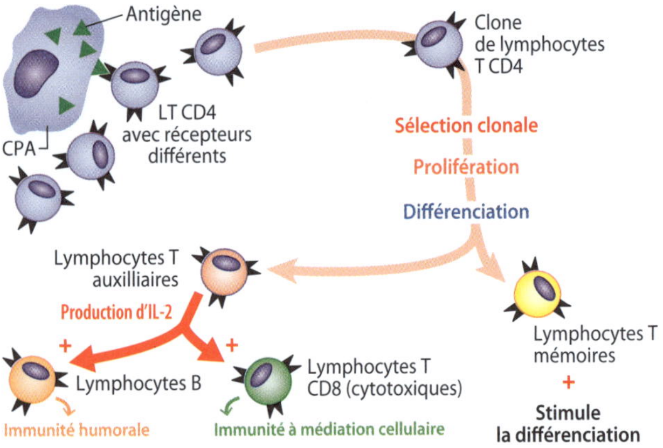

Le rôle pivot des LT CD4 dans l'immunité adaptative

Expérience : en 1975, Morgan et Ruscetti montrent que cette coopération implique des lymphocytes LT auxiliaires. En effet, ceux-ci libèrent dans le milieu de l'**interleukine* 2** qui permet aux autres lymphocytes (LT8 et LB) d'entrer en phase d'**amplification** et de **sélection clonale**.

- Les lymphocytes auxiliaires sont donc des cellules clés du système immunitaire car elles sont indispensables à la mise en place de la réaction humorale et cellulaire de l'immunité adaptative*.

VIH
le système immunitaire

FICHE 48

En 2017, l'agence Onusida estimait que **37 millions** de personnes étaient infectées par le **VIH** (virus de l'immunodéficience humaine). Celui-ci provoque la destruction progressive des défenses immunitaires, conduisant au développement du **syndrome de l'immunodéficience acquise** (Sida). L'individu, dépourvu de système immunitaire, peut alors mourir de n'importe quelle maladie.

I Contamination et infection par le VIH

1. Quelques chiffres

- Le VIH se transmet d'une personne à une autre par échange de **fluides corporels**.
- Les comportements à risque sont donc : les **rapports sexuels non protégés**, l'utilisation de **seringues mal stérilisées**, les transfusions sanguines avec du **sang contaminé**, etc.
- Les pays où les accès aux soins et à la contraception sont précaires sont les plus touchés par ce virus.

2. Le mode d'action du virus

- Le VIH pénètre dans les cellules immunitaires en se fixant à des récepteurs spécifiques : les **CD4** présents sur la membrane des **lymphocytes* T4**, des **macrophages** et des **cellules dendritiques**. Il fusionne alors avec ces cellules dont il modifie l'**information génétique**. Celles-ci perdent leur fonction immunitaire et produisent massivement des virus.

> **Certains individus** (moins de 1 % de la population) possèdent des CD4 particuliers qui ne sont pas reconnus par le VIH. Ces individus présentent donc une immunité naturelle face au Sida.

- L'efficacité du VIH réside dans le fait qu'il s'attaque **spécifiquement** aux cellules immunitaires, plus particulièrement aux lymphocytes T4, indispensables à la mise en place d'une **réaction humorale**.

II Les différentes phases du Sida

- Le Sida se déclare généralement **plusieurs années** après la contamination (**primo-infection**). Au début, le stock de cellules immunitaires est suffisant pour permettre une **réponse immunitaire**

efficace et le nombre de virus qui circulent dans le sang (**charge virale**) reste faible. À ce stade, l'individu ne manifeste aucun symptôme : on parle de **phase asymptomatique**.

- Les **lymphocytes T4 infectés** par le VIH sont progressivement détruits par notre système immunitaire (→ *voir fiche 47*). Ainsi, le **stock de lymphocytes T4** s'épuise au cours des années, entraînant une diminution importante des **lymphocytes auxiliaires**. Or, ces lymphocytes ont un rôle pivot dans le système immunitaire : ils stimulent la **réponse humorale** et **cellulaire**. Le virus n'est donc plus détruit par l'organisme. La **charge virale augmente** : c'est la phase de Sida déclaré.

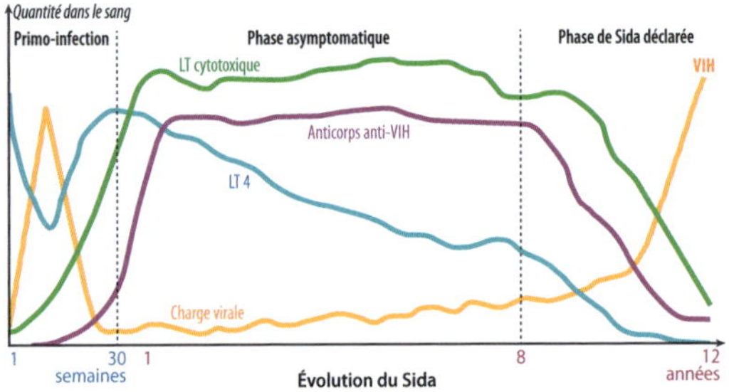

Les différentes phases du Sida

- Les premiers symptômes apparaissent : fièvre, sueurs, difficultés respiratoires, infections génitales, éruptions cutanées, etc. Le système immunitaire de l'individu ne permet plus de lutter contre les différents pathogènes* et celui-ci développe de nombreuses maladies dites **opportunistes** qui conduisent à la mort de l'individu.

III Quels traitements face au VIH ?

- Certains traitements visent à freiner la multiplication du virus, soit en empêchant la fusion du virus à la membrane du lymphocyte, soit en stoppant sa réplication au sein même de la cellule. Ils agissent généralement en ciblant des molécules de surface ou des enzymes* virales.

- Ces traitements sont difficiles à mettre en place et ne durent généralement pas dans le temps. En effet, le virus mute très régulièrement et la séquence de ces protéines change régulièrement. Pour la même raison, la mise au point d'un vaccin est complexe.

:quisition
ı répertoire immunitaire

FICHE 49

L'efficacité de la réponse adaptative réside dans la **reconnaissance spécifique** d'antigènes* par des lymphocytes*. La production de milliards de **clones cellulaires**, aux **récepteurs membranaires différents**, permet d'assurer une défense efficace. Étonnamment, ces protéines sont codées par un nombre réduit de gènes…

I L'origine de la diversité du répertoire immunitaire

- On appelle **répertoire immunitaire** l'ensemble des **TCR** et **BCR** (récepteurs membranaires des lymphocytes) d'un individu à un instant donné. Plus ce répertoire est important et plus l'individu pourra reconnaître d'antigènes différents. L'acquisition du répertoire immunitaire des lymphocytes T et B s'élabore dans les **organes lymphoïdes primaires** (moelle osseuse).

Les BCR, TCR et les anticorps* circulant sont des protéines qui présentent de fortes similitudes dans leur structure. Elles appartiennent à la famille des **immunoglobulines**.

- Le mécanisme à l'origine de la diversité des BCR a été décrit par **Tonegawa**. Il a montré qu'au sein des lymphocytes B s'opèrent des **réarrangements génétiques uniques** et **aléatoires**. Dans les gènes codant pour les chaînes lourdes et légères des BCR, des enzymes* coupent des fragments d'ADN qui codent pour les **parties variables**.

- Ce mécanisme, aléatoire, conduit à l'obtention de séquences **génétiques uniques** et **extrêmement variées** des chaînes légères et lourdes. Environ 16 000 chaînes lourdes et 1 200 chaînes légères peuvent ainsi être produites et donc : 16 000 x 1 200 = 19 millions de BCR. Cette diversité s'accroît encore avec l'apparition de **mutations*** et avoisine les 200 millions.

- Des réarrangements génétiques comparables s'opèrent dans les gènes codant pour les **TCR** et sont responsables de la très grande diversité des **lymphocytes T formés**.

- On estime qu'un individu peut généralement produire plus d'un **milliard de lymphocytes différents** (lymphocytes B et T confondus). Cette diversité est telle qu'en principe, tous les antigènes possibles sont reconnaissables.

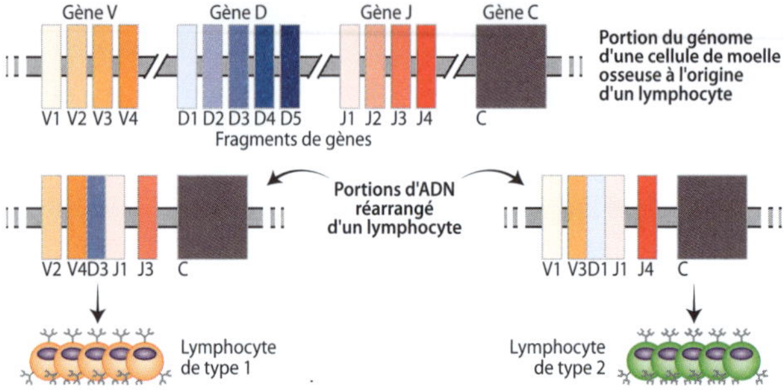

Réarrangements génétiques chez les lymphocytes

II L'élimination des lymphocytes auto-réactifs

• Les réarrangements génétiques qui permettent la production des TCR et BCR sont **aléatoires**. Il arrive donc que certains lymphocytes T ou B soient capables de reconnaître des **cellules de l'organisme** : on parle de **lymphocytes auto-réactifs**. Ces lymphocytes sont très dangereux pour l'individu car s'ils persistent, ils peuvent déclencher une réponse **auto-immune** et la destruction des cellules de l'organisme.

Le thymus est un organe lymphoïde primaire situé à la base du cou, entre les deux poumons.

• Normalement les cellules auto-réactives sont détruites par l'organisme au cours d'une phase de **maturation** qui a lieu dans la **moelle osseuse** pour les **lymphocytes B** et dans le **thymus** pour les **lymphocytes T**. Chez certains individus, cette maturation s'effectue mal et conduit à l'échappement de lymphocytes auto-réactifs.

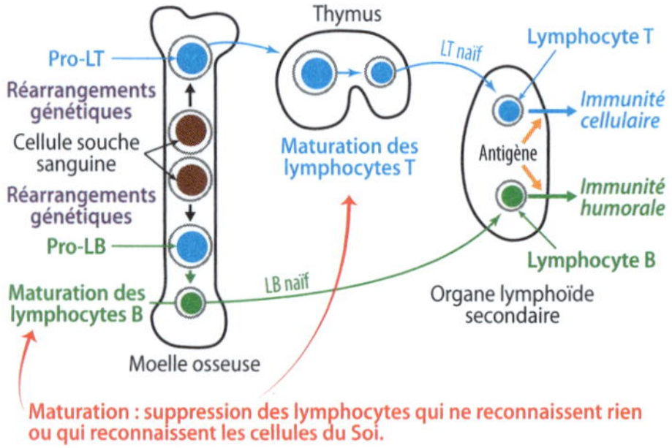

Maturation des lymphocytes

volution du phénotype mmunitaire au cours de la vie

FICHE 50

Une fois produits, les **lymphocytes* dits naïfs** sont stockés dans les **organes lymphoïdes secondaires**. La rencontre avec l'antigène* qui leur est spécifique entraîne leur activation, leur amplification et leur différenciation. Ainsi, le système immunitaire adaptatif **se construit** au cours de la vie, élaborant la **mémoire immunitaire**.

I L'acquisition d'un répertoire de lymphocytes mémoires

- La mémoire immunitaire repose sur la production de **lymphocytes mémoires** (LB, LT4 et LT8) spécifiques de l'**antigène rencontré**. Ceux-ci apparaissent au moment de la phase de **différenciation clonale** et entrent en **dormance**.

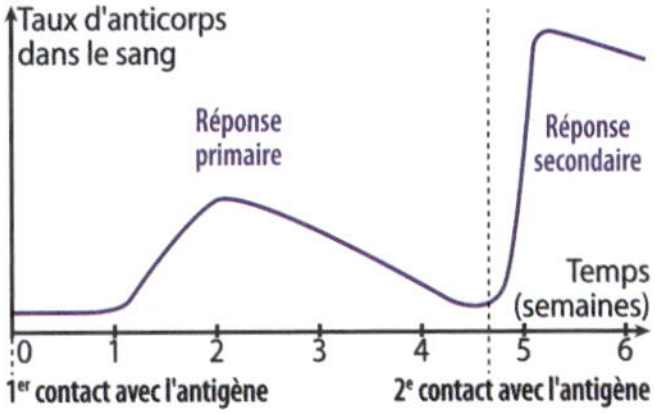

Deux types de réaction suite à une infection

- En cas de **deuxième** rencontre avec l'antigène, ces lymphocytes mémoires **s'activent plus vite** et se **multiplient davantage**, produisant une réponse immunitaire plus **rapide** et **forte** contre le pathogène. Avec le temps, le système immunitaire devient donc plus performant dans un même environnement. La longue durée de vie des lymphocytes mémoires permet une réponse secondaire efficace, même de nombreuses années après le premier contact avec l'antigène.

- Le **phénotype* immunitaire** d'un individu désigne l'**ensemble des cellules immunitaires** que possède un individu à un moment donné de sa vie. Il varie au cours du temps, en fonction des agents infectieux rencontrés, et diffère donc d'un individu à l'autre.

II La vaccination et le phénotype immunitaire

1. L'invention du premier vaccin

- La variole est une maladie infectieuse qui a pendant longtemps décimé les populations européennes (près de 60 millions de morts au XVIIIe siècle).

• En 1796, Jenner découvre l'existence de la vaccine chez la vache, une maladie similaire à la variole humaine. Il se rend compte que les individus qui ont contracté la vaccine ne contractent pas la variole : ils sont immunisés. Sans en comprendre le mécanisme, Jenner met au point le premier vaccin. Un siècle plus tard, en 1880, Pasteur étend le principe à d'autres maladies.

• Dès le XIXe siècle, les premières grandes campagnes de vaccination en Europe ont conduit à la disparition de certaines maladies, comme la variole, et à l'augmentation de l'espérance de vie. Celle-ci, qui était de 25 ans en 1750, atteint 45 ans en 1900.

2. Le principe de la vaccination

• La vaccination consiste à injecter des **produits immunogènes** (qui déclenchent une réponse immunitaire), mais **non pathogènes** (particules virales, virus atténués, etc.).

• La vaccination permet donc de provoquer sans risque la formation d'un réservoir de **cellules mémoires** dirigées contre l'agent de la maladie. Ainsi, quand l'individu vacciné rencontrera l'agent infectieux, il mettra en place une **réaction immunitaire secondaire** très efficace.

• La production d'un vaccin n'est pas toujours possible. En effet, certains virus ont des taux de mutations* très importants (ex. : paludisme, VIH...). Il est donc impossible de mettre en place des **lymphocytes mémoires efficaces** sur le **long terme**.

III La vaccination à l'échelle des populations

La couverture vaccinale désigne le pourcentage d'individus vaccinés dans une population.

• La vaccination permet aussi d'**immuniser l'ensemble de la population** (on parle d'**immunité de groupe**). En effet, si le virus ne trouve pas d'organisme hôte à contaminer, il ne peut plus se propager et la maladie finit par disparaître.

Exemple : en Europe, certaines maladies infectieuses particulièrement dangereuses, comme la poliomyélite, la méningite etc., ont ainsi disparu.

• L'immunité de groupe est d'autant plus importante qu'elle permet de protéger les individus au système immunitaire affaibli ou les très jeunes enfants qui ne peuvent pas être vaccinés. La vaccination systématique permet de protéger ces individus et constitue en ce sens un « geste citoyen ».

utilisation de l'immunité adaptative* en santé humaine

FICHE 51

Les cancers sont des maladies causées par l'apparition de **cellules mutées** formant des tumeurs (→ *voir fiche 40*). Leurs traitements (radiothérapie, chimiothérapie) sont **peu spécifiques** et détruisent beaucoup de cellules saines. De nouvelles thérapies, plus ciblées, se développent et font appel au système immunitaire : on parle d'immunothérapies*.

I Des anticorps monoclonaux, contre les cellules cancéreuses

• Suite à leurs mutations*, les cellules cancéreuses expriment à leur surface des antigènes* différents. Une technique de traitement vise à injecter à l'individu malade des anticorps* dirigés spécifiquement contre ces **antigènes**.

> **Exemple :** l'anticorps **trastuzumab**, mis au point en 1998, reconnaît spécifiquement les récepteurs Herz des cellules responsables du **cancer du sein**.

> **En 1984, George Köhler et César Milstein** ont obtenu le prix Nobel pour leurs travaux sur les anticorps monoclonaux.

• Ces traitements nécessitent la production d'**anticorps** dirigés contre un antigène précis : on parle d'**anticorps monoclonaux**. Leur production fut mise au point par Köohler et Milstein en 1975. Elle se déroule en plusieurs étapes :
– un **pathogène* rendu inactif** est injecté chez un animal ;
– l'animal réagit en produisant des **lymphocytes* spécifiques** dirigés contre les différents **antigènes** du pathogène ;
– on prélève la rate de l'animal pour isoler les **lymphocytes B**. On fusionne alors ces cellules avec des **cellules de myélome** (cellule cancéreuse). Les cellules hybrides obtenues, appelées **hybridomes**, sont très stables et faciles à cultiver. Elles sont capables de produire une quantité importante d'anticorps dirigés contre un antigène spécifique ;
– n'est gardé que l'hybridome produisant l'anticorps souhaité. Ce dernier est mis en culture pour obtenir des clones cellulaires qui produiront une quantité importante d'**anticorps monoclonaux**.

Les différentes étapes de production des anticorps monoclonaux

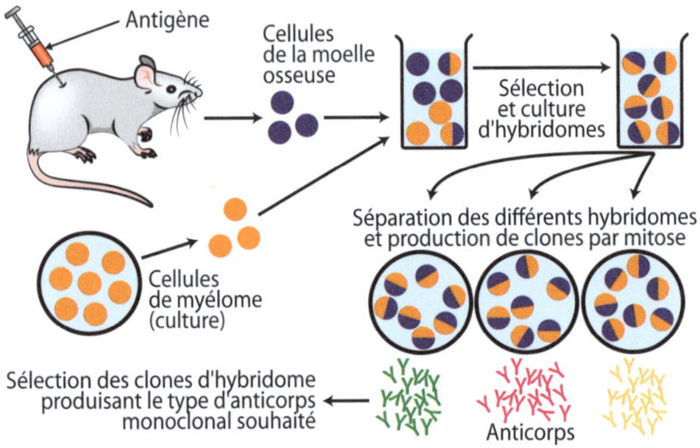

II Des vaccins préventifs et thérapeutiques

En Australie, la couverture vaccinale contre le HPV atteint 80 % (contre 20 % en France) et aucun cas d'infection au HPV n'a été détecté depuis 2005.

- On distingue deux catégories de vaccin contre le cancer.
- Les **vaccins préventifs** ont pour but d'empêcher le **développement de la maladie**.

Exemple : en France, la vaccination des jeunes filles contre le **papillomavirus** (**HPV**) permet de réduire le risque de développer un **cancer du col de l'utérus**.

- Les **vaccins thérapeutiques** sont utilisés chez les malades pour stimuler la **destruction** des **cellules cancéreuses** par le système immunitaire. Ces vaccins sont pour la plupart au stade expérimental, mais ils constituent une piste prometteuse **de traitement curatif**.

Exemple : le **vaccin Sipuleucel-T**, disponible depuis 2010, est conçu à partir des cellules immunitaires du patient, des cellules dendritiques. Ces CPA ont été préalablement incubées avec des antigènes spécifiques des cellules impliquées dans le cancer de la prostate. Si ce vaccin présente l'avantage d'engendrer moins d'effets secondaires que la chimiothérapie, il est en revanche **beaucoup plus coûteux**.

Exercice commenté pas à pas

Test ELISA et électrophorèse

Sujet : À partir de l'analyse du test ELISA ci-dessous, déterminer si le sang du donneur (Ser) est contaminé ou non par le VIH.

Il n'existe pas de produit capable de remplacer le sang. C'est pour cette raison que l'EFS (Établissement français du sang) appelle chaque année aux dons. De nombreux tests bactériologiques sont appliqués sur les poches de sang recueillies pour vérifier qu'elles sont utilisables (ex. : hépatite B, VIH, syphilis, paludisme…).

- **Document 1 : Principe du test ELISA**

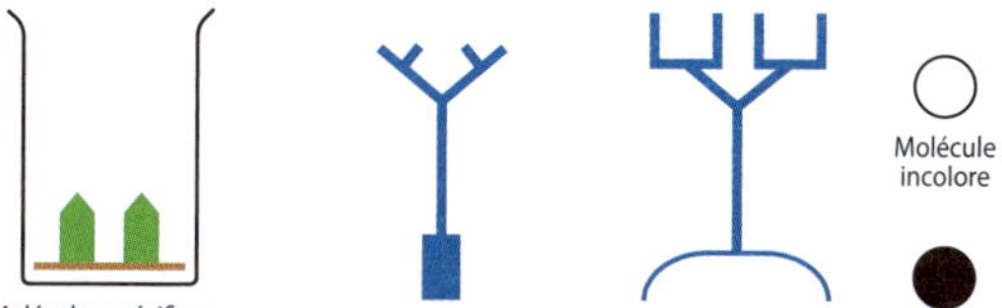

Le test ELISA consiste à déterminer si un individu est séropositif ou séronégatif à une maladie. Dans cette technique, les puits d'une microplaque sont tapissés d'une molécule (antigène*) spécifique du virus étudié. On réalise alors les étapes suivantes :

1. Le sérum* à tester est déposé dans les puits de la microplaque. Seul l'anticorps* recherché est capable de se lier aux antigènes du puits et résiste au lavage qui est ensuite réalisé.

2. Un **deuxième anticorps**, l'anticorps traceur, capable de se lier à la partie constante de l'anticorps recherché, est ajouté dans le puits. Un deuxième lavage est réalisé.

3. On ajoute enfin une molécule incolore. Celle-ci se transforme en **produit coloré** si l'enzyme* E (couplée aux anticorps traceurs) est présente dans le puits.

** Sang dépourvu de globules rouges.*

• Document 2 : Résultat du test ELISA

Puits contenant le sérum
du patient après un test ELISA

Avant de commencer

► Que signifie être séropositif à une maladie ?

► Quelle sera la couleur d'un puits en cas de séropositivité ? De séronégativité ?

Étape 1 : déterminer la couleur d'un puits pour un individu séropositif

D'après le document 1, si le donneur est **séropositif** au VIH, c'est-à-dire si son sérum contient des anticorps anti-VIH :

Puits coloré

– les anticorps anti-VIH se fixeront au fond du puits à l'étape 1 ;
– l'anticorps traceur se fixera aux anticorps anti-VIH à l'étape 2. L'enzyme E sera donc fixée à ce complexe immun ;
– le produit incolore sera transformé en **produit coloré** à l'étape 3.

Étape 2 : déterminer la couleur d'un puit pour un individu séronégatif

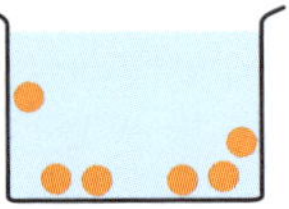

Puits incolore

– Aucun anticorps ne se fixera à l'étape 1.
– L'anticorps traceur ne pourra pas se fixer à l'étape 2. Il n'y aura donc pas d'enzyme E ;
– Le puits restera **incolore**.

Étape 3 : déterminer les concentrations de la gamme étalon et conclure

– D'après le document 2, le puits contenant le sérum du donneur se colore lors du test ELISA.
– **Résultat : le donneur est séropositif au VIH, son sang ne peut pas être utilisé. Il est contaminé par le VIH.**

Coopération entre l'immunité innée et l'immunité adaptative*

FICHE 53

QUIZ-Mémorisation active

Questions	Réponses
Quels sont les 4 symptômes de la réaction inflammatoire ?	Les symptômes sont : la rougeur, la douleur, la chaleur et le gonflement.
Que reconnaît un TCR ?	Un antigène* présenté par un CMH (cellule du corps ou CPA).
Quelle(s) réaction(s) immunitaire(s) met(tent) en jeu des lymphocytes* ? Quels sont alors leurs rôles ?	Les lymphocytes sont impliqués dans la réaction immunitaire adaptative : les LB dans la réaction humorale (production d'anticorps*) et les LT8 dans la réaction à médiation cellulaire (destruction des cellules infectées). Les LT4, eux, ont un rôle central : une fois différenciés en LT auxiliaires, ils permettent la mise en place de la réaction humorale et cellulaire en produisant de l'interleukine* 2.
Quelle est la différence entre un vaccin thérapeutique et un vaccin préventif ?	Un vaccin préventif a pour objectif de protéger un individu contre une rencontre ultérieure avec ce pathogène*. Il implique la création de lymphocytes mémoires. Un vaccin thérapeutique est un traitement curatif. Il a pour objectif de stimuler le système immunitaire chez une personne déjà malade pour l'aider à combattre le cancer ou l'agent infectieux.
À votre avis, pourquoi les médecins recommandent-ils de ne pas prendre d'anti-inflammatoires sur une longue durée sans les combiner à des antibiotiques* ou des antiviraux ?	Les anti-inflammatoires réduisent la réaction inflammatoire. Ils permettent de réduire les symptômes de la RIA (notamment la douleur), mais pas son origine. Pour supprimer une infection persistante, il peut être nécessaire de prendre des antibiotiques.

Questions	Réponses
Pourquoi, lorsqu'un médecin ausculte un patient, palpe-t-il ses ganglions (sous la mâchoire et sous les aisselles) ?	Le médecin vérifie s'il y a une infection ou non. En effet, si les ganglions sont enflés, cela signifie que la réaction immunitaire adaptative s'est mise en place. L'individu est donc malade.

SCHÉMA-BILAN

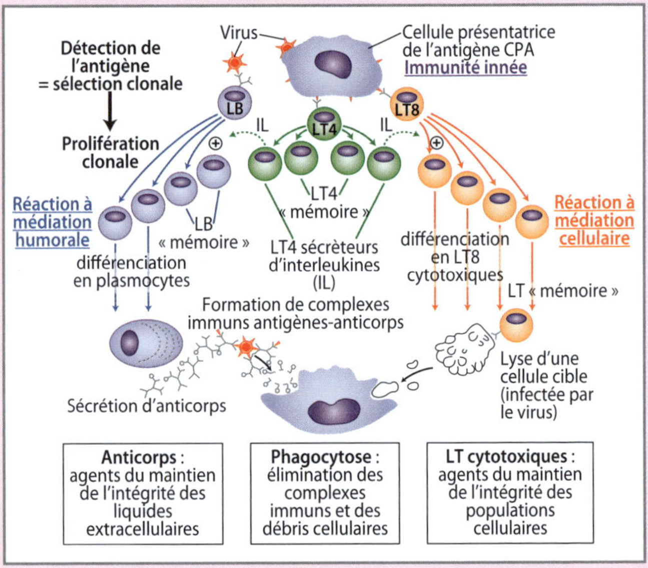

Lexique

A

Allèle : version d'un gène.

Antibiotique : molécule qui détruit ou bloque la croissance des bactéries.

Anticorps : protéine produite par les plasmocytes, capable de se fixer sur un antigène précis. Les anticorps monoclonaux désignent un ensemble d'anticorps dirigés contre le même antigène.

Antigène : molécule reconnue par le système immunitaire.

B

Basalte : roche de la croûte océanique.

Biodiversité : variabilité du vivant qui se définit à l'échelle des individus, des espèces et des écosystèmes.

Biotope : lieu géographique caractérisé par des conditions climatiques particulières.

C

Caryotype : ensemble des chromosomes d'un individu.

Cellules sentinelles : cellules de l'immunité innée qui parcourent l'organisme à la recherche d'intrus.

Chromatide : ensemble formé par une molécule d'ADN et constituant un chromosome. Un chromosome peut posséder une chromatide ou deux identiques (après la phase S).

Codon : ensemble de trois nucléotides qui codent pour un acide aminé.

Consommateurs : êtres vivants qui ont besoin de matière organique pour constituer leur propre matière.

Cycle cellulaire : ensemble des étapes de la vie d'une cellule.

D

Décomposeurs : êtres vivants qui transforment la matière organique morte en matière minérale.

Diploïde : cellule possédant deux exemplaires de chaque chromosome.

Dorsale : zone de création de la lithosphère océanique.

Ductile : se dit d'une roche qui se déforme sous la contrainte mais ne rompt pas.

E

Écosystème : ensemble de la biocénose et du biotope.

Enzyme : molécule capable d'accélérer la vitesse d'une réaction chimique.

G

Génome : ensemble des gènes d'un individu.

Génotype : ensemble des allèles d'un individu.

Granite : roche de la croûte continentale.

Granitoïdes : roches grenues de composition chimique proche d'un granite.

Grenue : se dit d'une roche entièrement cristallisée.

H

Haploïde : cellule possédant un seul exemplaire de chaque chromosome.

Hydrothermalisme : refroidissement de la lithosphère océanique et échanges d'ions avec l'eau de mer.

I

Immunité adaptative : réponse immunitaire spécifique à un antigène donné.

Immunité innée : réponse immunitaire rapide, non spécifique et stéréotypée.

Immunothérapie : traitement qui stimule le système immunitaire de l'individu.

Interleukine : molécule produite par les lymphocytes T auxiliaires, qui stimule la réponse cellulaire et humorale.

L

Lithosphère : ensemble de roches (croûte et manteau supérieur) caractérisées par leur comportement cassant.

Lymphocyte : cellules de l'immunité adaptative. On distingue les lymphocytes B et T.

M

Méiose : suite de deux divisions cellulaires aboutissant à la formation de quatre gamètes possédant la moitié de l'information génétique de la cellule mère.

Métamorphisme : transformations à l'état solide d'une roche suite à des contraintes de pression et de température.

Microlitique : se dit d'une roche composée de quelques minéraux entourés d'une pâte non cristallisée.

Mitose : division cellulaire conforme aboutissant à la formation de deux cellules filles identiques à la cellule mère.

Modèle PREM : modèle de propagation des ondes sismiques de la surface de la Terre jusqu'au noyau.

Moho : discontinuité chimique séparant la croûte du manteau.

Mutation : changement dans une séquence d'ADN.

P

Parasitisme : interaction durable entre deux êtres vivants où l'un se nourrit aux dépens de l'autre.

Pathogène : organisme (virus ou bactérie) nocif pour l'organisme.

Phénotype : ensemble des caractères observables d'un individu.

Plutonique : se dit d'une roche magmatique formée par un refroidissement lent, en profondeur.

Producteurs primaires : êtres vivants capables de transformer la matière minérale en matière organique.

R

Résilience : capacité d'un écosystème à revenir à l'état initial après une perturbation.

S

Services écosystémiques : ensembles des bénéfices que procure la biodiversité à l'humain.

Subduction : zone de recyclage de la lithosphère océanique.

Symbiose : coopération obligatoire, entre deux êtres vivants, à bénéfices réciproques.

T

Tomographie sismique : méthode basée sur la propagation des ondes sismiques permettant de déduire la densité et la température des roches traversées.